LEADERSHIP

TECNICHE E STRATEGIE PER SVILUPPARE LA TUA CAPACITÀ DI INFLUIRE SUGLI ALTRI, GUADAGNARE RISPETTO E OTTENERE AUTORITÀ NELLA VITA E SUL LAVORO

ROBERTO MORELLI

INDICE

PREMESSA

Inquadra il seguente codice QR per scaricare un libro gratuito intitolato "I 7 Segreti della Comunicazione Persuasiva".

Una breve guida pratica, assolutamente gratuita, in grado di darti le conoscenze necessarie per migliorare le tue abilità comunicative, perfettamente complementare al libro che stai per leggere.

INTRODUZIONE

Tutti, almeno una volta nella vita, abbiamo seguito quella persona così carismatica, talmente brava a influenzare gli altri che spesso ci siamo ritrovati a fare quello che questa desiderava quasi senza rendercene conto. Questa persona era sicuramente un leader. I leader sono coloro che dirigono e guidano altre persone, non per niente il termine proviene dall'inglese "lead", che vuol dire, appunto, guidare.

Quando pensiamo a un leader ci vengono in mente i politici, i capi delle grandi aziende o personalità del mondo dello spettacolo e dello sport ma, in realtà, anche nella nostra quotidianità ci sono esempi di persone, in ogni settore, in grado d'influenzare gli altri. Il nostro boss, un insegnante, un genitore, un capo-gruppo degli scout, un ragazzo o una ragazza nel suo gruppo di amici... tutti questi individui possono essere leader.

Questo significa una cosa molto semplice: chiunque può diventarlo. Molte persone temono di non essere all'altezza di un ruolo di questo livello, si sentono inferiori agli altri, impacciate, e proprio non sanno come far sì che le altre persone facciano quello che vogliono loro. Diventare un leader è un percorso che richiede tempo e dedizione, come qualsiasi cosa nella vita, ma, lo ripetiamo, è davvero accessibile a tutti.

In questo libro andremo a vedere le tecniche base e alcuni approfondimenti per diventare il leader di te stesso e degli altri.

Quando parliamo di diventare leader di noi stessi, ciò vuol dire smettere di lasciarsi trascinare dagli eventi, un po' come una foglia in balìa del vento, e diventare responsabili della nostra esistenza e compiere delle azioni, su base quotidiana, per far sì che il futuro dei nostri sogni diventi realtà. Significa, dunque, essere capaci di gestire correttamente le nostre emozioni invece di esserne schiavi, saper affrontare le difficoltà che la vita ci presenta, vedendole come insegnamenti e non come problematiche insormontabili, smettere di scaricare la colpa sugli altri, e prendere le redini della nostra vita per farne quello che vogliamo.

Diventare leader degli altri sembra, invece, un concetto più semplice rispetto all'esserlo di noi stessi. In questo caso, però, è importante chiarire che essere seguiti da altre persone non significa comandarle. Ci sono dei leader che spingono gli altri a seguirli mettendo loro paura o usando, in qualche modo, del potere, mentre, invece, dovrebbero considerarne innanzitutto i bisogni. Per poter svolgere al meglio questa funzione, bisogna essere prima di tutto a capo di sé stessi.

La leadership è quella sfera che, in psicologia, rappresenta il processo attraverso il quale un individuo influenza altre persone ai fini di comprendere il da farsi, come agire per raggiungere quel determinato obiettivo e creare consenso al riguardo. Quello che il leader ha in mente, quindi, è un obiettivo condiviso e per far sì che questo venga raggiunto egli fa leva sugli sforzi individuali e collettivi. Facciamo un esempio: Marco è l'allenatore della squadra di pallavolo under 18 del suo paese. Egli è un leader e, al momento della partita, incoraggia i ragazzi che allena a giocare in un certo modo, ad aiutarsi a vicenda, ad adottare determinate strategie piuttosto che altre con l'obiettivo, comune a tutti, di vincere.

Chi è (davvero) un leader

Per andare a comprendere meglio chi è un leader, è necessario capire chi non lo è. Spesso le persone usano le parole "leader" e "capo" come se queste fossero sinonimi, ma non è affatto così. Un capo ha delle conoscenze e sa dirigere mentre un leader sa guidare. In pratica, il capo è quello che grida, magari spaventa o minaccia ("se non farai questo, ti licenzierò!") ed è spesso temuto da chi è sotto di lui. Il leader, invece, non guida con la paura o le minacce bensì è una figura che ispira fiducia e spinge le persone che a seguirlo spontaneamente e dare il meglio di sé.

Tutti i bravi leader sono accomunati da alcune caratteristiche:

- Sanno quale obiettivo vogliono raggiungere e sono consapevoli di avere le capacità per riuscirci;
- Le persone che li seguono provano stima nei loro confronti. Questa generalmente è data da un insieme della personalità e del comportamento del leader e dei risultati e crediti da lui raggiunti;
- Capacità di comprendere gli altri. Un buon leader è empatico. Molte persone pensano che l'empatia o, in generale, le caratteristiche psicologiche che rendono possibile capire genuinamente gli altri, siano innate. Se non le hai dalla nascita, non potrai mai averle. In realtà, non è così. Chiunque può lavorare sulle proprie caratteristiche psicologiche per raggiungere risultati migliori.
- Capacità di seguire delle regole morali.
- Essere bravo ad agire. Un vero leader non fa promesse vuote e non si limita a chiacchierare, bensì agisce e lo fa per realizzare degli obiettivi che stanno a cuore ai suoi seguaci.

Adesso, quindi, stai per cominciare un vero e proprio viaggio nel mondo della leadership. Andremo ad analizzare le caratteristiche necessarie per diventare un leader (di te stesso e degli altri), parleremo delle varie tipologie di leader di modo che tu possa scegliere quella che ti si addice di più, scopriremo come motivare gli altri ma soprattutto te stesso e analizzeremo dei modelli di leadership affinché tu, alla fine del libro, possa essere il tipo di leader che meglio si sposa con chi sei e con i tuoi obiettivi.

1

LE 8 C DELLA LEADERSHIP

Come in ogni settore, anche nel caso della leadership è necessario partire dalle basi. Questo può sembrare buffo perché tutti, in un modo o nell'altro, pensiamo di sapere che cosa sia la leadership ma basta avvicinarsi alla tematica in maniera un po' più approfondita per renderci conto che, nella maggior parte dei casi, l'idea che abbiamo della leadership non rispecchia molto fedelmente ciò che questa è realmente.

A pensarci bene, l'essere umano ha bisogno di miti, idoli e, quindi, leader sin dall'alba dei tempi. Il ruolo di queste figure è rappresentare qualcosa che vada oltre la singola vita, oltre l'individualità, e che faccia da collante per un obiettivo e un bene comune. Basta pensare a un'unità monetaria, a un Paese, a un politico, a un cantante e, ultimamente, perché no?, a un influencer o content creator.

Lo scopo di ogni leader è quello di far sì che gli sforzi degli altri siano concentrati verso il raggiungimento di quel determinato risultato, che sarà un beneficio per tutti. Molte persone seguono con ammirazione un determinato leader e sono disposte a fare enormi sacrifici pur di raggiungere l'obiettivo che questo porta avanti.

Le 8 C sono le fondamenta della leadership, le caratteristiche che dovrai possedere nel momento in cui sarai un leader e quelle su cui puoi lavorare, sin da oggi, ai fini di ampliarle se ne senti la necessità.

Le 8 C della leadership

Coraggio. No, non stiamo parlando di doversi arrampicare sull'Everest o di doversi lanciare da un aereo con il paracadute ma del coraggio, forse ancora più difficile da trovare, di ammettere i propri errori, di cambiare rotta quando la strada portata avanti fino a quel momento non dà i risultati sperati e, in generale, di essere pronto a cambiare te stesso e il procedimento ai fini di raggiungere l'obiettivo comune. Anche se a volte i leader possono sembrare figure superiori a noi, in realtà sono esseri umani e, come tali, soffrono e sbagliano ma sono anche capaci di rialzarsi dopo aver imparato la lezione. Il coraggio, quindi, è la risorsa principale di un vero leader. Molti pensano che, per essere un leader, saresti dovuto diventare una sorta di persona perfetta (anche se la perfezione, in realtà, non esiste e non è accessibile ad alcun individuo), qualcuno che non può sbagliare mai, che è così bravo a manipolare gli altri da essere sicuro di non commettere mai errori... Al contrario, essere un vero leader significa mettersi in gioco, calcolando il margine di rischio e di sbaglio, consapevole che, in tal caso, è sempre possibile scusarsi in maniera sincera e raddrizzare la rotta.

Ricordi quando, nell'introduzione, abbiamo parlato dell'importanza dell'essere leader di sé stessi? Bene, il coraggio è anche, e soprattutto, essere sé stessi al 100%. La società occidentale ci prepara, sin da piccoli, all'omologazione. Tutti noi veniamo regolarmente etichettati e, se pensi alla tua vita, probabilmente ti vengono in mente degli episodi in cui ti è stato detto di compiere quella scelta piuttosto che quell'altra, di smettere di avere quell'atteggiamento, di non piangere, di essere più serio/divertente e via dicendo.

Le altre persone hanno delle immagini del "noi ideale" e fanno di tutto per far sì che diventiamo proprio quelli che loro hanno in mente. Un esempio classico è quello del genitore che, davanti al figlio che vuole studiare ciò che lo appassiona, gl'impone di diventare avvocato o dottore, come tutti in famiglia, pur sapendo che il ragazzo non ha alcuna passione o predisposizione per quel lavoro. Ecco che, se il giovane vorrà essere fedele a sé stesso, dovrà trovare dentro di sé il coraggio per andare contro al genitore e seguire la strada che lo porterà a raggiungere il proprio obiettivo.

Il 98% delle persone non ha idea di chi sia veramente. Se ti senti in questa situazione, non disperarti. Quest'immagine di un collettivo quasi robotizzato di persone che ogni giorno compie le stesse azioni, senza mai soffermarsi a chiedersi chi siano in realtà, è dettata, come accennato prima, da una società occidentale che ci vuole ingranaggi funzionanti di un sistema. Il leader è quello che si rende conto di tutto ciò e decide dapprima di scoprire chi è veramente e, una volta appurato ciò, di essere quella persona e non la versione di sé che gli altri vorrebbero vedere. Questo richiede molto coraggio perché, nella maggior parte dei casi, essere sé stessi significa deludere qualcuno, magari delle persone care, che si era già fatto un'immagine di noi ben definita.

Se vuoi diventare un vero leader, dunque, devi cominciare a scavare dentro te stesso. Se ci pensi bene, quando ti presenti a uno sconosciuto o quando qualcuno ti chiede chi sei, rispondi con nome e cognome, magari l'età e poi dove abiti, che lavoro fai, se sei sposato o meno, se hai figli oppure no... tutte queste informazioni, tuttavia, non hanno niente a che vedere con ciò che sei veramente. Essere sé stessi, quindi, significa imparare a conoscersi, ad ascoltarsi, mettere in dubbio gli schemi mentali con cui si è cresciuti che, nella maggior parte dei casi, sono negativi e inutili e non sono i nostri veri pensieri, le nostre reali convinzioni, bensì l'insieme di tutto ciò che ci è stato inculcato dagli altri (genitori, insegnanti, società...) nel corso della vita, specialmente durante l'infanzia. Se, per esempio, sei convinto da sempre di essere impacciato e quindi di non poter parlare in pubblico, magari non è vero, ma hai questa convinzione perché, ai tempi della scuola, gli altri ti prendevano un po' in giro quando l'insegnante ti chiamava alla lavagna.

Essere sé stessi significa anche avere il coraggio di mostrare le proprie vulnerabilità. Nonostante, come già detto, la perfezione non esista, la società in cui viviamo sembra fare il possibile per convincerci del contrario. Oggigiorno, poi, per via dell'estremo utilizzo dei social network da parte di ogni categoria di persone, ci capita spesso di vedere immagini, video e racconti di vita che sembrano perfetti ed ecco che ci convinciamo che al mondo ci siano persone che sono sempre felici, sempre bellissime, sempre in salute e che non hanno mai un problema. Noi, al contrario, dobbiamo lottare con le unghie e con i denti per affrontare ogni giornata, e ciò ci fa sentire delle nullità, ben lontani dalla possibilità di essere un leader.

Leggi questa frase, e fallo di nuovo ogni volta che ne sentirai la necessità: la perfezione non esiste. Quello che vedi sui social, in televisione o sui giornali, e quello che ti raccontano i tuoi amici, parenti o colleghi, non può essere del tutto perfetto. Ci sono dei momenti nella vita che sono "perfetti", per esempio la nascita di un figlio, il giorno delle nozze in cui tutto va a gonfie vele o un viaggio meraviglioso ma si tratta, appunto, di momenti. La vita non può essere perfetta in ogni istante di ogni singolo giorno proprio perché è caratterizzata da un insieme di elementi, sia positivi sia negativi. Fingere che non sia così significa evitare l'ovvio e utilizzare tutto ciò che la tecnologia (ma non solo) ci mette a disposizione per dare un'immagine di sé il più perfetta possibile. Facciamo un esempio: Marta e Lucia sono amiche da sempre. La prima è single e si sente un po' sfigata mentre Lucia sta per sposarsi. Ecco che, quando vanno a pranzo insieme, Lucia racconta le emozioni della preparazione delle nozze, come il futuro marito sia perfetto e via dicendo e Marta si sente ancora di più una nullità. In realtà, Lucia può sentirsi frustrata e anche stanca per tutto ciò che c'è da organizzare e ogni tanto lei e il futuro marito discutono. Questo, però, non l'ha detto alla sua amica.

Questo semplice esempio è per farti capire che la maggior parte della gente fa il possibile per omettere dettagli che possono rivelare come le loro vite non siano perfette o scandite da una felicità perenne. Detto questo, il vero leader è colui che, appunto, è capace di abbracciare anche le proprie debolezze e di mostrare le proprie vulnerabilità. Questo richiede molto coraggio perché spesso significa andare contro il pensiero collettivo. Specialmente nel caso degli uomini, quando una persona piange in pubblico è considerata debole oppure "troppo emotiva". Un vero leader, però, non ha bisogno di nascondere le proprie emozioni o di giustificarsi. Se ci sono situazioni in cui piangere è quasi doveroso, come un funerale, o in cui comunque è accettato, farlo quando se ne sente il bisogno, a prescindere dalla situazione, richiede tanto coraggio ed è segno di una personalità da leader.

Il leader, quindi, è colui che sceglie. Il coraggio fa sì che la persona non rimanga a rimuginare o a fantasticare a occhi aperti sul raggiungimento dell'obiettivo comune, ma la porta a compiere delle azioni per arrivarci. Nel momento in cui scegli di essere un leader, sai di non poter rimanere nelle retrovie. Devi scendere a centro campo, consapevole che lì riceverai molte più pallonate che restando nell'anonimato, magari protetto dagli altri. Un leader è coraggioso nel modo in cui non ha paura di essere sé stesso, in cui mostra sia la sua forza sia le sue vulnerabilità (che poi, più una persona accetta le proprie fragilità e non ha paura di mostrarle, più si rivela forte, non in maniera fisica ma emotiva e psicologica), in cui non si fa scalfire dalle bassezze, per esempio da altri che cercano di fare il gioco sporco, in cui impara dai propri errori, è capace di chiedere scusa per quelli commessi e di cambiare rotta, quando necessario.

Per muovere i tuoi primi passi in questa direzione, comincia a cambiare mentalità. Devi conoscere te stesso e, per farlo, puoi iniziare un percorso di crescita personale oppure praticare meditazione. Dedica del tempo esclusivamente a te. Stai in silenzio. Passeggia in mezzo alla natura. Fai ciò che ti fa stare bene, riscopri passioni e talenti che avevi messo da parte. Impegnati ad avere uno stile di vita pro-attivo e a non accettare ciò che la vita ti dà ma a guidarne il corso.

Cura. Molte persone pensano che essere un leader voglia dire essere superiore agli altri (o sentirsi tale), comandare gli altri e manovrarli con l'obiettivo di ottenere qualche beneficio per sé. Ci sono dei leader che hanno questi atteggiamenti ma non si tratta di veri leaders bensì, più probabilmente, di capi. Un vero leader, infatti, ha a cuore le persone che sono sotto di lui e vuole prendersene cura.

Una delle caratteristiche chiave del leader nell'ottica della cura è l'empatia. Questa significa "sentire dentro" ovvero possedere la capacità di ascoltare gli altri in maniera attiva, senza giudicarli, ma arrivando a sentire le loro emozioni e a comprendere i loro pensieri, comportamenti e punti di vista (anche quando siamo oggettivamente in disaccordo o non ci saremmo mai comportati così). Se pensi che l'empatia sia un dono innato, è vero che alcune persone hanno questa capacità sin dalla nascita, ma chiunque può svilupparla.

Diventare empatico (o più empatico) è un passaggio necessario per divenire un buon leader perché è ciò che ti permette di "entrare dentro" le altre persone. L'umiltà è la base dell'empatia. L'empatico, infatti, non si sente superiore a nessuno, non pensa di essere nel giusto mentre gli altri sono in torto, non si sente invincibile ma è conscio di come ognuno sia un mondo a sé, meraviglioso e complicato al tempo stesso, e ascolta sempre le altre persone in maniera attiva, ovvero presente e consapevole.

Conoscere sé stessi si rivela molto importante anche in questo settore perché l'empatico non solo conosce le proprie emozioni, ma è in grado di gestirle. Gli empatici che non riescono a far ciò rischiano di sentirsi "schiacciati" dal peso delle emozioni altrui, che sentono come loro. Questa capacità, inoltre, fa sì che la persona empatica si approcci ad altri individui senza la necessità di giudicarli. Per arrivare a comprendere gli altri è necessario, dunque, diventare maggiormente consapevoli di noi stessi.

L'ultimo passo, ma non per questo il meno importante, per prendersi cura degli altri, è uscire dalla tua comfort zone, ovvero quell'area della vita in cui ci sentiamo al sicuro e protetti. In molti casi, le persone non stanno bene all'interno della propria comfort zone ma non sanno come uscirne, o hanno paura anche solo all'idea di allontanarsene perché, nonostante lì non si sentano amate, incoraggiate, protette, al sicuro o capaci di sviluppare il proprio pieno potenziale, è quello che conoscono, magari da tanti anni o da sempre. La zona di comfort, quindi, si basa sulle abitudini. Pensiamo alla persona che non lascia il partner, anche se non lo ama più, perché stanno insieme da anni o all'individuo che ogni giorno ripete sempre la stessa routine: si sveglia alle 7, va al lavoro con l'autobus, pranza sempre allo stesso bar, esce dal lavoro alle 17, torna a casa con l'autobus, il martedì e il venerdì va in palestra, cena sempre alle 20, dopo cena guarda sempre un film. Questa quotidianità lo rende annoiato, magari addirittura triste o depresso, specialmente se a condire la monotonia ci sono figure negative come i famigliari, il capo o i colleghi eppure egli ha paura di uscirne perché, anche se lì non si sente bene, conosce quel trantran quotidiano. Abbandonare la propria comfort zone è un po' come gettarsi da un aereo con il paracadute e chiedersi: si aprirà? Dove atterrerò? Per diventare un leader, però, è necessario fare questo passaggio. Una volta uscito dalla tua zona di comfort entrerai in contatto con nuove persone, molte delle quali davvero affini ai tuoi ideali, valori e interessi ed ecco che avrai modo di vivere esperienze che ti arricchiranno sotto ogni punto di vista, incluso lo sviluppo dell'empatia e la tua capacità di metterti nei panni dell'altro.

Chiarezza. Molte persone si muovono nella propria vita come se vagassero in una strada nebbiosa. Vanno avanti a tentoni, a caso, e poi si lamentano se non raggiungono l'obiettivo che si erano prefissati. Un vero leader non solo ha ben chiaro lo scopo da raggiungere, ma anche i vari passaggi da compiere per arrivare fin lì. Pensare di guidare delle persone al raggiungimento di un obiettivo senza avere un piano preciso – modificabile all'occorrenza, certo, ma pur sempre ben delineato – significa andare incontro a un fallimento certo. Un vero leader, dunque, è quello che si muove con lucidità e chiarezza, non si fa guidare dalle emozioni, non perde tempo con tutte quelle situazioni e persone che non sono utili al perseguimento del suo scopo e ogni singolo giorno compie delle azioni, grandi o piccole che siano, per arrivare un po' più vicino all'obiettivo prefissato. Facciamo un esempio: le mamme di una determinata scuola elementare vogliono far costruire un nuovo parco giochi per i loro figli sul terreno scolastico. Giulia è quella che vuole trascinare le altre però si sveglia ogni mattina senza un'idea chiara di cosa fare per raggiungere l'obiettivo, discute con chi le dà contro, perde tempo, si pensa superiore alle altre ed ecco che non otterrà mai quello che desidera. Francesca, invece, ha stilato un piano che segue ogni singolo giorno. Quando si alza al mattino, sa già quali azioni dovrà fare quel giorno per avvicinarsi un po' di più al suo obiettivo (fra cui contattare la preside, il Sindaco, eccetera), ascolta le altre mamme, non si lascia guidare dalle emozioni ma persegue il suo obiettivo in maniera chiara.

Se, al momento, ti sembra di vagare come una trottola da una situazione all'altra, e non senti di avere chiarezza, comincia con il buttar giù un piano per raggiungere un piccolo obiettivo che scegli di prefissarti. Qualche esempio? Perdere 1 kg in un mese oppure ritagliarti mezz'ora per te ogni fine-settimana. Scegli uno scopo facile, piccolo, che ti farà da sprone per gli obiettivi futuri, che coinvolgeranno anche altre persone.

Comunicazione. Tutti noi comunichiamo ogni singolo giorno, eppure la maggior parte della gente non ci fa caso e non è minimamente consapevole del proprio livello di capacità comunicativa. Per molti, poi, la comunicazione è circoscritta solamente alle parole, specialmente a quelle parlate, ma in realtà questa include anche altri dettagli come il linguaggio del corpo, la postura e lo sguardo. Tanti individui, infine, non partecipano a una conversazione per ascoltare gli altri in maniera attiva ma per raccontare la propria esperienza, mettendosi al centro dell'attenzione, o per giudicare.

Un vero leader è conscio del potere della comunicazione e non è raro che frequenti dei corsi, o si faccia seguire da dei professionisti, per imparare a comunicare al meglio. Come già accennato, una delle qualità indispensabili per la buona comunicazione di un leader è la chiarezza. Tornando all'esempio delle mamme che vorrebbero far costruire un nuovo parco giochi davanti alla scuola, se Giulia dice che "ci vorrebbe proprio un nuovo spazio per i ragazzi, prima o poi ce la faremo" e Francesca sostiene che "Date le condizioni ormai inadatte alla sicurezza del vecchio parco giochi è necessario far sentire la propria voce tramite lettere indirizzate al Comune e alla Preside della scuola, nonché tramite manifestazioni e il coinvolgimento della stampa locale, ai fini di far cominciare i lavori per la costruzione del nuovo parco giochi entro le vacanze di Natale", è evidente come la comunicazione di Francesca sia molto più chiara. Essa parte dal problema di base (un parco giochi vecchio e ormai inutilizzabile) e presenta ciò che è necessario fare (scrivere lettere a chi di dovere, manifestare, coinvolgere la stampa del posto) per raggiungere un determinato obiettivo, per niente fumoso, ma ben delineato, ed entro tempistiche precise (ottenere un nuovo parco giochi, i cui lavori dovranno iniziare entro le feste natalizie).

Un leader, poi, lavora per costruire e quindi dev'essere in grado di creare un senso di comunità, di far sentire tutti gli altri parte di quel progetto, anche coloro che ricoprono un ruolo marginale. Il suo stile comunicativo, quindi, deve vertere anche sulla sensibilità emotiva e su quella situazionale. Quest'ultima si riferisce a tutte le occasioni in cui c'è la necessità di capire come comportarsi e in quale modo comunicare. Ci saranno dei momenti in cui sarà necessario prendere delle decisioni in fretta e altri in cui, invece, l'esigenza primaria sarà quella di ascoltare, fornire maggiori informazioni o un chiarimento.

La comunicazione di un buon leader, quindi, è paragonabile a una marcia. Essa dev'essere in grado di mantenere sempre un buon ritmo, definito dalla ripetizione cadenzata di determinati messaggi a cui devono seguire azioni chiare e concrete. La continuità dev'essere scandita da picchi di massima interazione e altri di pausa ben ragionata, muovendosi sempre con estrema consapevolezza.

Challenge (sfida). Tutti noi, nel corso delle nostre vite, affrontiamo delle sfide. Ce ne sono alcune che sono davvero grosse come un serio problema di salute, la morte di una persona cara, il fallimento della propria azienda, la fine di una lunga storia d'amore, la perdita di tutte le proprie finanze e altre che, al confronto, sono più piccole ma non per questo sono necessariamente di secondaria importanza. Ci sono persone, infatti, a cui la vita ha risparmiato grandi avversità che però si sentono sopraffare dalle piccole difficoltà che devono affrontare. La gravità di una sfida, quindi, non è per forza oggettiva ma si basa principalmente sul livello di percezione della stessa da parte della persona. Pensiamo all'individuo malato di cancro che riesce comunque a godersi la vita e a fare qualche esperienza che gli sta a cuore e a quello che si sente giù di morale, addirittura triste o depresso, perché il boss ha dato la promozione a un suo collega invece che a lui.

La chiave qui sta nell'iniziare a cambiare il modo in cui percepisci e vivi le sfide. La società occidentale c'insegna sin da piccoli che le sfide vengono per metterci i bastoni fra le ruote e per ricordare, a noi stessi e agli altri, quanto siamo incapaci o sbagliati. Candidarsi per un lavoro e non venire richiamati, chiedere alla persona che ci piace di uscire insieme e ottenere un "no" come risposta, sono solo due esempi di sfide che si concludono con ciò che la maggior parte degli esseri umani più teme: il fallimento. Nella società in cui viviamo fallire significa essere dei perdenti. I vincenti sono quelli che conquistano e ottengono quello che vogliono mentre chi fallisce è qualcuno che non è stato capace di farcela. In realtà, i fallimenti non sono come dei mostri cattivi che irrompono nella nostra vita per farci sfigurare, con noi stessi o con gli altri, ma sono delle lezioni che la vita stessa ci manda.

È fondamentale, per diventare un vero leader, che tu inizi a pensare alle sfide e ai fallimenti come a qualcosa di positivo. È probabile che tu ti sia messo a ridere, o che stia pensando, "I fallimenti e le avversità un qualcosa di positivo? Ma dai!". Cambiare questo pensiero di fronte a gravi difficoltà è molto difficile, e il consiglio, come sempre, è quello di cominciare dalle piccole avversità. Tutti noi, su base più o meno quotidiana, dobbiamo affrontare difficoltà di poco conto, che a volte ci sembrano enormi, ma che siamo perfettamente capaci di superare. Il problema sta, nella maggior parte dei casi, nella nostra mentalità, in quell'insieme di pensieri e convinzioni che, come abbiamo già accennato, non ci appartengono ma sono il frutto dei pensieri e delle convinzioni delle persone con cui trascorriamo la maggior parte del tempo e di coloro con cui siamo cresciuti. Anche la società stessa, oppure le pubblicità, influiscono sul nostro modo di pensare. Ecco che ci sentiamo incapaci di superare una difficoltà, anche la più piccola, perché dentro di noi pensiamo di non avere ciò che ci serve per riuscirci. La nostra mentalità ci convince che non siamo abbastanza svegli/intelligenti/belli/simpatici e via dicendo per ottenere ciò che vogliamo.

Il leader crede in sé stesso ma mette in conto anche la possibilità di fallire, senza però esserne terrorizzato. Egli s'impegna al massimo delle sue capacità, perché sa di averne, ma se non dovesse farcela trarrà una lezione sia dalla sfida stessa sia dal fallimento. Le situazioni difficili sono quelle in cui i nostri punti di riferimento vengono a mancare, in cui ci sembra di essere come sott'acqua, e di vedere tutto offuscato. In poche parole ci chiediamo, "E adesso?".

Spesso non sappiamo più dove andare, che direzione prendere o chi siamo.

La Teoria U di Otto Scharmer è una delle più usate ed efficienti per cambiare il tuo modo di approcciare e affrontare le sfide che la vita ti mette davanti. La prima cosa da fare è divenire consapevoli del nostro modo di reagire davanti a una difficoltà. Pensa all'ultima volta in cui ti sei ritrovato ad affrontare un'avversità, o a ciò che fai regolarmente di fronte a una sfida. Tendi a minimizzare i problemi? Fai finta di niente sperando che le cose si risolvano da sé, come per miracolo? Aspetti che sia qualcun altro a proporre cosa fare o ad agire? Ti fai dominare dalle emozioni per esempio urlando per la rabbia oppure piangendo con disperazione? Oppure, cerchi una o più vie di uscita da quella situazione e passi all'azione per attivarle? Se la tua risposta è stata l'ultima, complimenti, perché già hai la mentalità di un vero leader.

Se, invece, hai risposto uno degli atteggiamenti di cui sopra (o altri simili), non devi preoccuparti perché questo modo di pensare è estremamente diffuso ed è dettato proprio dall'impostazione della nostra società e dall'influenza che gli altri hanno su di noi. La Teoria U si basa su questi passi:

- Ascolta le altre persone e te stesso. Abbiamo già visto come la maggior parte di noi pratichi l'ascolto passivo. Comincia ad ascoltare in maniera attiva, sii presente, non interrompere per parlare di te e non giudicare. Entrare in contatto con persone con storie e idee diverse dalle tue sarà un prezioso arricchimento per te.
- Passa da una visione causa-effetto a una in cui sei capace di osservare con il cuore, la mente e la volontà aperte.
- Fermati e rifletti. Spesso viviamo in un tran-tran quotidiano e questo nostro essere sempre di corsa fa sì che non ci fermiamo mai a riflettere. È necessario farlo, invece, per poterci liberare di quelle idee e convinzioni che non ci servono più e sostituirle con altre più utili e positive.

- Sperimentare. Nel momento in cui ti vengono nuove idee, devi sperimentarle per capire come, quanto e se sono attuabili in quella specifica situazione.

Carisma. Ogni vero leader è carismatico. Ma cos'è, veramente, il carisma? Ti rispondiamo con una domanda: ti è mai capitato di entrare in una stanza e sentirti attratto da una determinata persona, come se questa fosse un magnete? Magari hai un collega o un capo molto carismatico, oppure un amico, un parente o il partner. L'individuo carismatico è quello che non giudica gli altri bensì è in grado di mettersi nei loro panni. Egli è estremamente sicuro di sé, si conosce benissimo, ma è anche consapevole delle proprie debolezze e vulnerabilità, che non ha paura di mostrare in pubblico. Quando ci troviamo in presenza di una persona carismatica, ci sentiamo meglio perché è come se la sua energia entrasse un po' dentro di noi e sentiamo di poter diventare la versione migliore di noi stessi. Il carismatico, quindi, ottiene dei benefici dall'ammirazione di altre persone, ma per farlo non prevale su di loro bensì usa doti come l'empatia per far sentire i suoi seguaci al centro di tutto.

Il leader carismatico ha determinate caratteristiche e la prima è proprio la sicurezza in sé. Facciamo un esempio molto semplice. Durante una conferenza aziendale ci sono due speaker. Il primo è Alberto, uomo insicuro che, al momento di salire sul palco, tiene la testa china, lo sguardo rivolto alle proprie scarpe, giocherella continuamente con la penna, ha le spalle afflosciate, parla con voce bassa e debole e s'impappina spesso durante il discorso. Il secondo è Gianfranco, che sale sul palco a testa alta, con lo sguardo deciso che spazia fra le persone nel pubblico, le spalle ben dritte, un'andatura sicura, parla in maniera lenta e comprensibile ma facendo cadere nel discorso delle parole che testimoniano la sua preparazione e degli aneddoti che lo rendono simile alle persone che lo stanno ascoltando. Anche se Alberto e Gianfranco avessero pronunciato esattamente le stesse parole, tutti sarebbero rimasti a bocca aperta davanti al secondo. Il vero leader carismatico ha sempre uno scopo (ben chiaro, come abbiamo visto) e questo lo rende già un vincente perché le persone amano farsi trasportare da qualcuno che sa benissimo quale direzione prendere e qual è l'obiettivo finale. Il carisma, poi, porta con sé anche un'aura di mistero. Un leader carismatico non racconta tutto di sé, ma solo ciò che vuole che gli altri sappiano e che può essergli utile per il raggiungimento dell'obiettivo finale o per il mantenimento della sua posizione di leader. Molte persone pensano che per essere un ottimo leader sia necessario apparire come un "libro aperto" agli occhi di chi ci segue, ma non è così. Le persone che rivelano tutto, o comunque moltissimo, di sé possono apparire rassicuranti, ma non carismatiche. Un leader carismatico, poi, dev'essere considerato "santo". Ovviamente non stiamo usando questa parola in un'accezione religiosa ma ci stiamo riferendo a uno stile di vita basato su valori e ideali saldi che fanno sì che la persona in questione non scenda a compromessi, neanche se dovesse ottenere chissà quale beneficio. Se, per esempio, il leader di un'azienda dice da sempre di avere a cuore la Terra e poi accetta di costruire un enorme centro commerciale abbattendo ettari di aree boschive, ecco che egli non è stato coerente con i suoi valori e perderà carisma, fiducia delle persone e, di conseguenza, seguito. Per concludere, il leader carismatico è capace di parlare in maniera eloquente, lenta, prendendosi delle pause (quando le reputa necessarie) e senza sentire la fretta nel dover rispondere. Egli è dotato di una certa teatralità. Questo non significa che il leader carismatico debba necessariamente avere doti nell'ambito della recitazione ma semplicemente che un vero individuo carismatico si distingue dalla sua presenza. È sufficiente che questa persona entri in una stanza, o salga su un palco, senza dire o fare chissà cosa, ed ecco che tutti subito percepiscono che c'è qualcosa di diverso in lei rispetto alla massa, e ne sono attratti. Sì anche all'essere uno spirito avventuroso, che non significa necessariamente praticare sport estremi, bensì stare alla larga dalla comfort zone, se questa ci va stretta, mettersi sempre in gioco e non avere paura di provare qualcosa di nuovo, oppure al fervore, la caratteristica chiave del vero carisma. Il fervore è la capacità di far sì che altre persone provino, dentro di sé, un'emozione, una forte eccitazione che le spinge a volerne sapere di più su di noi, a essere attratte da noi e a volerci imitare. L'assenza d'inibizioni è un altro punto importante per il leader carismatico. Essa vuol dire assecondare ciò che ci piace, che ci fa stare bene, che ci rende felici. I nostri talenti, le nostre passioni o inclinazioni non sono qualcosa da nascondere o da mettere in un cassetto bensì fanno parte della nostra vita.

Compassione. Questo termine viene spesso usato un po' a caso, ma esso significa aprirsi sempre di più a noi stessi e agli altri. La compassione è quasi la prova di come l'idea che per essere dei veri leader si debba essere "cattivi", forti e autoritari, arrivando a controllare e dominare gli altri, non potrebbe essere più lontana dalla verità. La nuova leadership è umana e si basa proprio sulla compassione, sull'ascoltare gli altri, sul comprenderli, ai fini di ottenere vari benefici fra cui un miglioramento nella qualità delle performance o nello sviluppo dei rapporti interpersonali, professionali o meno, del team o ancora nel far sì che ognuno si senta parte di un gruppo. Questo tipo di leadership può essere adottata con grandi risultati da chiunque, ma pensiamo per esempio a un insegnante, a un coach sportivo, a un genitore o al capo di un'azienda. Una leadership umana è la chiave d'accesso a un maggiore coinvolgimento delle persone che seguono quel leader, con risultati di cui tutti beneficeranno.

Confidence (sicurezza in sé). Abbiamo già accennato varie volte all'importanza della sicurezza in sé per ogni leader. Egli, infatti, ricopre un ruolo in cui dev'essere più tipologie di persone e dev'essere anche in grado di saper svolgere diverse azioni. Un leader insicuro non riesce a dare sicurezza agli altri per il semplice fatto che lui in primis non è sicuro di sé. Questi leader pretendono dagli altri più di quello che questi sono disposti a dare. Un coach sportivo che pretende che la sua squadra amatoriale composta da bambini di 6 anni si piazzi per forza al primo posto, pretende dai piccoli più di quanto questi possano/vogliano dare. Un leader sicuro, inoltre, è quello che dà sicurezza agli altri. Egli non ha paura di accendere i riflettori anche su individui che si rivelano "migliori" degli altri. Il leader insicuro, invece, proprio perché è privo di sicurezza in sé teme che, facendo qualcosa del genere, potrebbe perdere dei sostenitori o non ottenere chissà quale beneficio e cerca sempre di limitare le persone "migliori". Questo fa sì che l'intera azienda, classe o gruppo ne risenta perché, quando le persone si sentono limitate, che non fanno parte di un qualcosa di stimolante in cui il loro valore è riconosciuto (questo non vale solo per i "migliori") s'impegnano meno e il livello delle performance, nonché quello dei risultati ottenuti, sarà scarso.

I consigli per sviluppare la sicurezza in te stesso che ti porteranno a essere un leader migliore sono: conosci chi sei, valorizza le persone più in gamba di te (per esempio, se sei leader di un'azienda, assumendole o dando loro una promozione) e chiedi aiuto. La maggior parte delle persone pensa che chiedere aiuto significhi essere deboli o incapaci, quando in realtà è qualcosa di coraggioso e utile. Se proprio non riesci a sviluppare la sicurezza in te stesso, una delle caratteristiche chiave per essere un vero leader, rivolgiti a un mentore o un consigliere (affidandoti sempre a dei professionisti) che ti aiuti a capire quali sono i problemi che t'impediscono di credere in te stesso. Una volta lavorato sulle tue insicurezze sia tu in quanto leader, sia i tuoi seguaci, trarrete dei benefici dalla versione più sicura di te.

2

LE 5 P: PACE, PAZIENZA, PROPOSITI, PASSIONE E PRODUTTIVITÀ

Le 5 P sono alla base del successo di qualsiasi leader. Una volta in cui le avrai tutte, sarai un vero leader, una persona capace di guidare la propria vita nella direzione che desidera e di farsi seguire dagli altri. Andiamo a esaminare singolarmente ognuna di queste 5 P.

Pace. La pace, in questo caso, non ha niente a che vedere con quella a livello mondiale bensì con la realtà presente dentro di te. Forse sei familiare con il concetto di "pace interiore", anche se probabilmente pensi che sia qualcosa d'ingenuo, praticamente impossibile da raggiungere. Come si fa a essere in pace, in una società che sembra divertirsi a creare un problema dopo l'altro per i suoi cittadini? Oppure, come si fa a essere un leader, che deve gestire tante faccende, inclusi i problemi, e a essere in pace con sé stessi?

Una persona diventa un bravo leader nel momento in cui ha già trovato la propria pace interiore. Aspirare alla vera leadership quando si è in una fase della vita in cui non ci sentiamo in pace con noi stessi, non porterà alcun risultato positivo. Se hai l'impressione che, finora, la tua vita sia stata un susseguirsi di momenti turbolenti, sappi che la prima cosa che devi fare è lavorare su te stesso per ottenere la pace interiore.

Alcune persone pensano che, ottenendo le altre 4 P, possono far finta che quella della Pace non esista, o che non sia così importante ma essa è alla base di tutto. Una persona negativa, arrabbiata, addirittura cattiva, depressa, che vive in un mondo interiore turbolento, dove tende ad andare in over-thinking (cadere nel giro di pensieri negativi e ripetitivi, che non portano soluzioni ma solo tanta inutile elucubrazione) non può essere un bravo leader.

Ma come trovare la propria pace interiore? Per rispondere ampiamente a questa domanda sarebbe necessario un altro libro, ma ti diamo comunque dei consigli pratici. La prima cosa da fare è diventare consapevole che, se al momento non ti senti sereno o soddisfatto di chi sei o della tua vita, è semplicemente perché tu hai creato, dentro di te, quelle condizioni. Adesso starai pensando, "Sì, certo, però il capo mi ha licenziato" oppure "Come no, ma devo fare i salti mortali per far quadrare il bilancio dell'azienda" oppure "non faccio altro che uscire con uomini/donne ma non piaccio a nessuno" e via dicendo. Questi pensieri sono normali e sono frutto di una società che ci ha spinti a scaricare la colpa per ciò che ci accade al di fuori di noi. Ecco che la maggior parte delle persone punta il dito verso gli altri, dai famigliari ai politici, verso la società in generale e anche verso la vita. Queste persone sono in costante attesa del "momento perfetto" per agire o di una situazione idilliaca (quando avrò più soldi/quando sarò sposato/quando avrò la mia start-up/quando i figli saranno cresciuti...) per poter raggiungere i propri sogni o per poter essere felici. È assai probabile, però, che quelle situazioni non arrivino mai o che arrivino senza però portare con sé il cambiamento, o la felicità, tanto desiderati.

L'unico modo per cambiare la tua vita, sia dentro che fuori di te, è passare all'azione e farlo adesso. Non importa se ti sembra di avere sempre l'acqua al collo, se ti senti diverso dai tuoi amici o colleghi, se hai l'impressione che, per te, le cose non vadano mai nel verso giusto. Ricorda, il tuo mondo interiore plasma quello esterno. Arrivare ad avere la pace interiore significa vivere in uno stato di enorme serenità che non viene scalfito da ciò che succede nella tua esistenza. Questo non significa che non proverai più emozioni negative o che andrà sempre tutto bene, ma che avrai, dentro di te, una sorta di potere, la capacità di non essere più schiavo di pensieri negativi e di tutta una serie di schemi mentali dati dalle persone con cui sei cresciuto, dalla società e anche dal tuo, magari, volerti crogiolare in quel modo di essere e di vivere.

Per diventare un buon leader, lo ripetiamo, non si può prescindere dal raggiungere la pace interiore. Ecco alcuni metodi per trovarla:

- Medita. Tutti abbiamo sentito parlare, almeno una volta, della meditazione eppure tante persone pensano che si tratti di qualche pratica "strana" o che bisogna avere chissà quanto tempo a disposizione. In realtà, per iniziare sono sufficienti 5 o 10 minuti. Puoi frequentare un corso oppure avvalerti dei numerosi video disponibili su Internet. L'importante è che tu ti dedichi alla meditazione con costanza perché, come in ogni situazione, la ripetizione è alla base di tutto.
- Lascia andare. La maggior parte di noi è abituata a voler controllare tutto, anche quello che è al di fuori del nostro controllo. Abbiamo le app per sapere in anticipo come sarà il clima ma la natura è capricciosa e quindi le cose possono cambiare. Ecco che scoppia un acquazzone improvviso, che magari l'app non aveva previsto, e ci arrabbiamo. Impara a lasciare andare. Molla il controllo su tutto ciò che non puoi controllare, ovvero tutto quello che accade al di fuori di te. Le uniche cose che puoi controllare sono quelle che succedono nel tuo mondo interiore. A volte si ha l'impressione di poter controllare le altre persone, magari convincendole a compiere una scelta piuttosto che un'altra, o ci arrabbiamo per la reazione di qualcun altro a

una nostra decisione, ma ricorda che ogni volta che qualcuno t'innervosisce, ti rende triste e via dicendo sei tu che gli permetti di farti provare quelle emozioni. Ciò che gli altri dicono, pensano e fanno è al di fuori del tuo controllo. Nel momento in cui lascerai andare, ti renderai conto che la vita continuerà a scorrere, e che lo farà con molta più fluidità di prima.

- Vivi nel presente. Capita anche a te di rimuginare spesso sul passato o di pensare al futuro? Magari non riesci a smettere di ripetere, nella tua mente, la discussione con il partner, chiedendoti cosa avresti potuto fare o dire di diverso, o qualcosa che è accaduto sul lavoro o con gli amici. Ancora, la maggior parte di noi proietta tutte le aspettative sul proprio futuro. Come abbiamo già accennato, le persone hanno la tendenza ad aspettare un "momento perfetto", che solitamente si trova proprio nel futuro, per agire o per essere felici. Quando sarai ricco, quando avrai comprato casa, quando avrai trovato il lavoro dei tuoi sogni, quando potrai viaggiare per il mondo e via dicendo… tutto questo pensare al futuro, o al passato, fa sì che tu non sia presente nel qui e ora. Naturalmente, ci sei a livello fisico, ma sei assente emotivamente e psicologicamente. Il vivere nel qui e ora è alla base della meditazione pertanto, lo ripetiamo, se già non lo fai inizia a meditare con continuità e, con il passare del tempo, la tua capacità di vivere nel momento presente diverrà naturale.
- Accettati per quello che sei. Tutti noi abbiamo un dialogo interiore con noi stessi. A volte ci parliamo a voce alta, più spesso nei pensieri, ma ciò che siamo e il tipo di pensieri che abbiamo dipende anche da questo dialogo. Se non fai altro che ripeterti che sei un buono a niente, se ti lanci in mille imprese ma fallisci sempre perché dentro di te non pensi di esserne all'altezza e se, in generale, hai un dialogo interiore demotivante e negativo, sarà difficile che tu possa diventare un buon leader. Questo dialogo interiore,

solitamente, si base sulle tue convinzioni, di cui abbiamo già ampliamente parlato. Queste sono date dalle persone e realtà, come i media e la società in generale, che fanno parte della tua vita e, soprattutto, che hanno determinato la tua infanzia. Se tuo padre ti ha sempre detto che sei un incapace nello sport, probabilmente adesso ti senti una schiappa in qualunque attività sportiva e per questo ti precludi le partite di calcetto con gli amici. La prima cosa da fare, dunque, è smettere di giudicarsi. Chiediti se le convinzioni che hai sempre pensato che fossero tue lo sono davvero. Analizza il tuo passato, specialmente gli anni della prima infanzia (0-5) e cerca di capire quali tipi di messaggi i genitori, gli insegnanti, eccetera ti hanno fatto arrivare. Accettare sé stessi, infatti, vuol dire smettere di giudicarsi bensì accogliere ogni parte di sé. Questo, naturalmente, non significa crogiolarsi nei propri difetti ma puntare al miglioramento. Molte persone, poi, tendono a sminuire le proprie qualità o a pensare di non averne. Smettila di nasconderle. Prenditi del tempo e individua almeno 3 punti di forza che hai e da domani inizia a usarli.

- Sii grato. Abbiamo visto come la maggior parte delle persone aspetti sempre "un altro momento", di solito migliore di quello attuale, ed è logico che, così facendo, non potrà mai essere felice e soddisfatta nel punto in cui si trova adesso. La gratitudine attira abbondanza (in ogni senso). Comincia a notare tutte le piccole cose per cui essere grato, e anche quelle grandi. Oggigiorno, presi come siamo dal tran-tran quotidiano, ci capita raramente di soffermarci a guardare tutto ciò che abbiamo, e siamo, per cui dovremmo essere grati. Pensa alla tua famiglia, agli amici, a quel collega simpatico, al cassiere del bar che ti fa sempre lo sconto, al fatto che hai una casa, un letto in cui dormire, del cibo in tavola, dell'acqua da bere, la salute, la possibilità di svolgere attività che ti piacciono e quella di viaggiare. Presta attenzione anche ai piccoli, grandi doni che ti circondano. Guardati intorno e comincia a passare un po' di tempo in mezzo alla natura. Certo, se vivi in città puoi avere meno opportunità di farlo rispetto a chi vive in campagna o sul mare, ma trova un parco che ti piace e passaci del tempo.

- Perdona. Perdonare una persona che ci ha fatto del male, o che ha ferito qualcuno a cui vogliamo bene, è molto difficile. Forse è capitato anche a te di dire, "Non ti perdonerò mai". Se lo hai fatto, sappi che puoi cambiare idea, tornare sui tuoi passi, e ciò non ti renderà un perdente. Perdonare, infatti, è una scelta che ti libera. Da cosa? Da tutte le emozioni negative che derivano da questa battaglia. Seppellire l'ascia di guerra corrisponde a lasciar andare. Nel momento in cui lo farai veramente, ti ritroverai a respirare meglio (sia in senso figurato sia reale) perché non sarai più schiavo del risentimento e della rabbia.

- Le tue preoccupazioni sono dalla tua parte. Una delle cose di cui le persone hanno più paura sono i cambiamenti. Anche in questo caso, la colpevole è la società, che ci ha inculcato che il cambiamento sia qualcosa di negativo. Ci sono individui che si aggrappano con le unghie e con i denti alla propria realtà, anche se questa non gli piace particolarmente, proprio perché temono il cambiamento. Esso, però, fa parte della vita. Pensa alla natura. Un fiume non smette mai di scorrere e, quindi, di mutare. Le foglie sugli alberi cambiano colore e poi cadono. Quando ti ritroverai ad affrontare un cambiamento, cerca di non reagire con ansia, bensì di vederlo come un'opportunità. Anche i cambiamenti che, a prima vista, possono sembrare negativi (esempio, sei licenziato oppure il partner ti lascia), possono portare con sé modifiche positive. Molto dipende dal tuo atteggiamento mentale.

- Stop alle persone negative. Il tuo boss, il partner, il tuo amico dai tempi della scuola, un genitore... magari sei circondato da persone negative e, finora, non ci hai fatto caso più di tanto. Sappi, però, che ciò che siamo è dato dall'insieme delle 5 persone con cui passiamo la maggior parte del tempo. Se è vero che, a volte, è impossibile troncare del tutto i rapporti con delle persone negative (come il boss o i colleghi) è anche vero che puoi fare tutto ciò che è in tuo potere per trascorrervi meno tempo. Se gli individui negativi sono i tuoi colleghi smetti di andare a pranzo con loro, di vederli dopo il lavoro o anche solo di passarci del tempo nelle pause. A volte siamo noi a non avere il coraggio di allontanare una persona negativa perché dovrebbe occupare un posto importante nella nostra vita, come può essere un genitore, ma ricorda che, più sei circondato da individui negativi, disfunzionali e tossici più sarà difficile, per te, trovare la tua pace interiore.

- Dedicati all'attività fisica. Non importa se finora ti sei sempre considerato pigro (sicuro di esserlo davvero e che questa convinzione non sia il prodotto di quelle altrui?) o hai sempre detto di non avere tempo da dedicargli ma basta davvero poco per introdurre quest'abitudine nella tua vita. Fai le scale invece di prendere l'ascensore, vai al lavoro a piedi e, se riesci, iscriviti in palestra oppure fai degli esercizi a casa o, ancora meglio, all'aria aperta. Lo sport, è risaputo, risolleva il nostro umore e spesso, dopo una corsa o un allenamento, ci sentiamo più felici senza saperne spiegare il motivo.

- Ritrova il senso della tua vita. Forse questo senso lo hai perso strada facendo, forse non lo hai mai cercato, ma il problema principale della maggior parte della gente, ciò che impedisce loro di avere una serenità interiore, è proprio che la loro vita non ha un senso. Degli studi hanno rivelato come il 98% delle persone viva con il pilota automatico inserito, con atteggiamenti e convinzioni dati da schemi mentali inculcati da altri, a svolgere sempre le stesse azioni, a scaricare tutte le colpe all'esterno e a non intraprendere mai quel viaggio dentro di sé che dà vero

senso alla nostra esistenza. Se ti rispecchi in questa
descrizione, non scoraggiarti: sappi che ognuno di noi ha
una missione, un obiettivo. (Ri)trova il tuo. Pensa a ciò che
ti appassiona, alle persone con cui sei e a ciò che fai
quando sei felice, a ciò che ti rendeva contento da
bambino, passa più tempo nella natura e, pian piano,
troverai la tua pace interiore.

Pazienza. Una volta ottenuta la pace interiore, puoi passare a lavorare sulla pazienza. Essere paziente nei tuoi confronti e in quelli
degli altri non è così facile come sembra. Specialmente al giorno
d'oggi, dove Internet e il progresso in generale fanno sì che
possiamo ottenere molti prodotti e servizi in gran fretta, tante
persone si frustrano e diventano impazienti quando, invece, c'è da
aspettare. Ecco che tanti individui che vorrebbero avviare la
propria start-up, cambiare vita, imparare un nuovo mestiere o una
nuova skill, o che, in generale, vogliono apportare un cambiamento
alla propria esistenza, lasciano perdere quando si rendono conto
che, per ottenere anche solo i primi risultati, è necessario pazien-
tare. La prima cosa da fare per aumentare il tuo livello di pazienza è
capire perché sei impaziente. Forse la motivazione è semplicemente quella appena citata, come la società ci abbia abituati a ottenere "tutto e subito", ma forse ci sono delle ragioni più complesse
dietro. Cerca, poi, di guardare la situazione nell'insieme. Chi ha
poca pazienza solitamente si perde nei dettagli. Se, per esempio, ti
arrabbi con il partner perché lui/lei ha dimenticato la data del
vostro anniversario, prima di perdere le staffe e di spazientirti con
lui cerca di guardare la situazione nell'insieme. Magari oggi il tuo
partner è rientrato stanco dal lavoro e quindi non si è ricordato
subito di quella data. Un altro trucco è quello di lasciar perdere,
ovvero cercare di essere il più pazienti possibile anche nelle situazioni più semplici, così che, anche in quelle più complesse, avremo
la tendenza a non infastidirci. Il rilassamento è un altro aspetto
importante. Sì alla meditazione ma anche allo yoga, al semplice
passare del tempo nella natura o con te stesso, a fare qualcosa che ti

fa sentire bene. Infine, ricorda che ogni cosa richiede il suo tempo. Se è vero che puoi ordinare un prodotto online e vedertelo recapitare a casa il giorno dopo, o che puoi acquistare un film su Internet e guardarlo subito, è anche vero che non possiamo paragonare queste situazioni ad altre come cambiare il corso della nostra vita.

Propositi. Torniamo al discorso già accennato in precedenza, a come il 98% della gente viva con il pilota automatico inserito. Questo fa sì che la persona sappia cosa fare, dove andare e cosa dire solo per via dell'abitudine. Se percorri sempre la stessa strada per andare al lavoro, magari ti è capitato di parlare al telefono mentre eri in auto, o di essere sovrappensiero, ma di essere arrivato ugualmente a destinazione. Questo è accaduto perché la tua parte inconscia è abituata a percorrere quella strada, e quindi sa farlo senza che sia necessaria la partecipazione della tua parte conscia. Una vita guidata da un pilota automatico è mera sopravvivenza. I propositi sono una delle caratteristiche di una vita vissuta in maniera consapevole. Se non hai idea di quali possano essere i tuoi propositi, rallenta. In queste vite così frenetiche, spesso non ci ritagliamo del tempo per noi, per capire chi siamo e dove vogliamo andare, quindi comincia a farlo. Passa del tempo da solo, medita, scrivi, disegna, stai nella natura e pian piano entrerai sempre più in contatto con il tuo vero Io fino a scoprire quello che vuoi fare della tua esistenza. C'è chi crede che ognuno di noi abbia uno scopo nella vita, una missione per cui è qui sulla Terra, e tutto ciò non ha niente a che fare con una visione religiosa bensì con una consapevolezza che ci spinge a pensare che, se siamo su questo pianeta, in questa precisa situazione, è per un motivo. Ma come fare a individuare i tuoi propositi? Comincia chiedendoti che cosa ami fare, forse ci sono passioni e hobbies che hai messo da parte o ai quali, invece, ti dedichi ancora di tanto in tanto. Perché non dare loro ancora più spazio? Se, invece, la tua risposta istintiva è stata "niente", pensa a cosa ti rendeva felice quando eri piccolo. Parlando del lavoro, se fai parte della maggior parte della gente – quella che va al lavoro per mantenersi, ma non è appassionata di ciò che fa – chiediti quale mestiere svolgeresti, se potessi scegliere. Diventeresti artista o scrittore, anche se tutti ti hanno sempre detto che è impossibile mantenersi con l'arte, o magari apriresti una tua azienda? Pensa, poi, a quando ti sei sentito veramente a casa. La casa, quella vera, non è fatta dall'edificio in cui abiti ma da quella sensazione di completezza che provi quando sei in una determinata situazione, da solo o con altre persone. Ripensa a quando ti sei sentito a casa, con chi eri? Non è detto che tu debba ritrovare quelle specifiche persone, ma magari altre con le stesse caratteristiche. In che parte del mondo eri? Non è scritto da nessuna parte che la casa sia dove sei nato, dove vive la tua famiglia d'origine o quella che ti sei creato, dove lavori e via dicendo. Se ti sei sentito a casa alle Canarie o in Thailandia, chiediti perché e inizia a domandarti se non sarebbe il caso di tornarci, magari per un periodo più lungo del precedente.

Passione. Una vita degna di essere vissuta è una vita appassionata. Il nostro passaggio qui è così breve che dovremmo fare ogni cosa con passione eppure tanti di noi, oltre a sentirsi "immortali", si trascinano stancamente da un giorno all'altro. Pensa alla tua giornata tipo. Che cosa provi quando apri gli occhi? Sei entusiasta, curioso, emozionato all'idea di ciò che accadrà quel giorno? Se la risposta è no, comincia a domandartene il perché. È vero che tutti abbiamo dei doveri e delle responsabilità ma è anche vero che, nella maggior parte dei casi, è possibile cambiare la propria vita o quantomeno arricchirla, inserendovi della passione. Un leader, poi, è appassionato. Nessuno seguirà mai una persona demotivata, abitudinaria, che non ha dentro quel fuoco, quel fervore, necessario a distinguerla dalla massa.

Produttività. La produttività è la ciliegina sulla torta dell'individuo, del leader, che sarai diventato una volta in cui avrai la pace interiore, sarai paziente con te stesso e con gli altri, e ti muoverai nella vita guidato da propositi e passione. Essere produttivo significa lavorare con motivazione ovvero non lasciarsi trascinare dagli eventi della vita, non muoversi a caso, ma avere ben chiaro l'obiettivo da raggiungere nonché i passi da fare per arrivare dove si desidera. È importante, anche se si hanno tanti obiettivi diversi, dedicarsi a uno scopo alla volta. Quando avrai ottenuto il raggiungimento del primo obiettivo, potrai passare a un altro. Questo perché la produttività viene massimizzata proprio dal dedicarsi a una cosa per volta. Evita anche tutte quelle situazioni che ti fanno perdere tempo, che prosciugano la tua energia e che non sono utili al raggiungimento del tuo scopo o al diventare una versione migliore di te.

Le 5 P, quindi, sono i pilastri fondamentali per diventare un vero leader. Non puoi prendere una scorciatoia, ignorandone alcune, ma è necessario impegnarsi per lavorare su di sé ai fini di ampliare le tue capacità in tutti questi settori. A quel punto, sarai un leader con la L maiuscola e, anche se adesso questo percorso può farti tremare le ginocchia, sappi che la parte più difficile è iniziare. Una volta cominciato, vedrai come – con impegno, dedizione e ripetizione – inizierai a scoprire lati di te che magari non pensavi neanche di avere, e che invece ti renderanno il leader che aspiri a diventare.

3

L'EQUILIBRIO FRA DELEGA E GESTIONE

Molte persone pensano che un vero leader sia in grado di fare tutto da sé ma, in realtà, un leader degno di questo nome sa benissimo quando deve occuparsi di una faccenda in prima persona e quando, invece, è necessario delegare.

Quando staccarsi e lasciare che il team si muova da solo e quando gestire i micro-dettagli personalmente

Delegare significa affidare a qualcun altro un incarico o fargli compiere un atto al posto nostro. Molte persone sono scettiche nel delegare un compito ad altri perché hanno paura che questi non ne siano all'altezza. Un vero leader, come abbiamo già visto, individua fra i suoi seguaci gli elementi più validi e non li abbatte, ma, al contrario, li premia ed è conscio delle loro capacità. Egli non vede questi talenti come una minaccia alla sua leadership, bensì come un aiuto. È facile capire come, in questa situazione, egli possa dormire sonni tranquilli anche dopo aver delegato a queste persone dei compiti.

Ci sono delle situazioni in cui il leader sente di doversi occupare dei dettagli, anche di quelli più piccoli, personalmente. Questo perché, per esempio, l'azienda è in crisi oppure gli occhi dei media e delle persone in generale sono puntati su di lui e sul suo lavoro. Occuparsi in toto di ogni questione, però, è estremamente stressante e fa sì che spesso il leader, se impegnato a gestire le piccolezze, non possa dedicarsi ad altri aspetti più importanti e complessi della questione. Questo stile di vita, inoltre, tende a prosciugare facilmente le energie della persona ed è difficile non cadere vittime dello stress. Se sei un perfezionista, è importante che tu lavori su questo aspetto di te, perché esso impedisce che tu riesca a delegare ad altri delle attività. In quanto perfezionista, non ammetti errori e sei convinto che gli altri, invece, ne facciano o ne farebbero più di te.

Ci sono dei casi, però, in cui il leader deve staccarsi dal team e far sì che questo si muova in maniera autonoma. Un buon team è composto da persone altamente valide, che sono state istruite sotto la guida del leader e che hanno fatto loro le credenze e gli obiettivi del leader stesso (che sono anche i loro). Se il leader, per esempio, deve partire per un viaggio di lavoro oppure deve rimanere a casa per motivi famigliari, non è che l'intera macchina si ferma, ma il team è perfettamente in grado di mandarla avanti.

È logico che se il leader, finora, non è stato veramente tale e magari ha composto il suo team di elementi scarsi o mediocri, perché terrorizzato da quelli validi (temendo, per esempio, che potessero rubargli il ruolo), e non ha saputo motivarli, magari vertendo sulle minacce e sulla paura, al momento in cui si presenta la necessità di far muovere autonomamente il team possono presentarsi dei problemi.

La prima cosa da fare, dunque, per diventare un vero leader, è lavorare su te stesso. A quel punto, gli aspetti necessari a creare e motivare un team a cui potrai delegare delle azioni, e su cui saprai di poter contare, ti verranno naturali.

Quando guidare e quando seguire

"Ma come?", ti starai chiedendo, "Io aspiro a diventare un vero leader, perché dovrei seguire qualcun altro?". Il leader non è una figura solitaria. Pur trattandosi di qualcuno da seguire, fa comunque parte di un insieme di persone. Quando un leader, che in realtà non è veramente tale, si mette al centro di tutto e si accolla la responsabilità di ogni cosa, generalmente i risultati non sono grandiosi. Un leader, va da sé, ha bisogno di seguaci ma l'aspetto a cui pensiamo poco è come il leader abbia bisogno di altre persone e del loro lavoro per essere dov'è ora e per poter svolgere il suo ruolo. Pensiamo a un astronauta, un leader, che però necessità di persone sulla Terra che svolgono determinate azioni affinché lui possa essere ciò che è. La maggior parte dei leader del passato, durante il corso della propria vita, si è ritrovato almeno una volta nei panni del seguace. Il primo passo da compiere, in questo caso, è valutare te stesso. Far ciò ti porterà a saper individuare i momenti, durante la tua leadership, in cui fare un passo indietro e seguire le azioni o le proposte di qualcun altro. Ricorda che lo scopo è sempre il raggiungimento di un obiettivo comune, non voler tenere il riflettore puntato su di te. Torniamo a parlare dell'importanza della consapevolezza di sé perché è questa che ti permette di conoscere chiaramente i tuoi limiti. Se, per esempio, non sei una persona molto diplomatica, nel momento del bisogno puoi inviare il tuo vice o un altro membro del tuo team a parlare con quell'importante capo di un'azienda interessato a sponsorizzare il vostro progetto. Se, inconsapevole di questo tuo limite, o scegliendo d'ignorarlo, ti presentassi tu all'incontro in quanto leader, gli esiti potrebbero non essere altrettanto positivi. La vera capacità di un leader sta nel creare un team "giusto", ovvero composto da individui validi e competenti, non nell'erigersi al ruolo di prima donna. È il successo del team, inoltre, a far sì che il prestigio e l'autorevolezza del leader aumentino.

Quando manovrare in modo aggressivo e quando fermarsi e lasciare che le cose vadano da sé

Un buon leader sa che ci sono delle occasioni in cui è necessario mettere in scena tutte le proprie competenze per guidare con fermezza e decisione gli altri e altre in cui, invece, è meglio farsi da parte e lasciare che le cose vadano da sé. La tentazione di un leader può essere quella di voler sempre passare all'azione ma dobbiamo ricordare come l'obiettivo del leader debba essere spingere i suoi seguaci al raggiungimento di uno scopo comune. Il leader, quindi, deve avere perfettamente in mente qual è questo scopo e come raggiungerlo.

Un vero leader basa tutto il suo "impero" sulla fiducia che gli altri provano nei suoi confronti. Nel momento in cui si rivela necessario agire in maniera aggressiva, magari spronando il team a dare il massimo, chiedendo loro di fare gli straordinari, dicendogli che dovranno partire per l'Alaska con un preavviso di 2 giorni, un vero leader non teme le reazioni dei suoi seguaci perché sa che loro sono consapevoli che egli ha preso tali decisioni per il raggiungimento dello scopo comune, non per rovinare il loro fine settimana o far sì che passino tutto il giorno al lavoro. Un vero leader, infatti, non minaccia mai, non usa la paura come strumento per obbligare il suo team a obbedirgli. Manovrare in modo aggressivo significa affrontare la situazione di pugno ma sempre supponendo che sia già stato fatto un ottimo lavoro di leadership per il quale il team è affiatato e competente, condivide genuinamente l'obiettivo verso cui il leader lo sta guidando, ed è conscio del fatto che, se il leader ha preso quella decisione, è per il bene di tutti.

Ci sono delle volte, poi, in cui il leader e il team hanno fatto il possibile e non c'è altro da fare se non sedersi e aspettare che le cose facciano il suo corso. Un vero leader sa riconoscere questi momenti, sa quando bisogna attendere e come motivare il suo team durante l'attesa. Se il leader ha cercato di salvare la reputazione della sua azienda parlando con gli avvocati, indicendo una conferenza stampa per i media, lavorando fino a notte fonda per settimane per contenere il danno, obbligando il team a rimanere in ufficio fino a tardi, adesso sa che non c'è altro che può fare. Deve solo mettersi da parte e aspettare che i giornali pubblichino la notizia e che gli avvocati prendano la loro decisione. La società ci ha insegnato che bisogna passare sempre all'azione, per questo molte persone non sono capaci di lasciar andare. Non forzare le cose significa essere consci del fatto che lavorare duramente e combattere costantemente comporta un elevato dispendio di energie che può anche arrivare a farci sentire esauriti. Un vero leader protegge il proprio team al meglio delle sue possibilità. Costringere i propri seguaci a intestardirsi su qualcosa, quando sarebbe necessario mettersi da parte e aspettare che le cose facciano il loro corso, è un pessimo esempio di leadership.

La leadership, dunque, si basa sull'equilibrio. Il vero leader è colui che sa bilanciare la delega con il prendersi le proprie responsabilità. Egli non teme i suoi seguaci più validi, ma li vede come punti di forza della sua squadra e non ha paura di premiarli e valorizzarli. Egli, inoltre, sa che il suo ruolo in quanto leader non è essere o sentirsi superiore agli altri, ma essere a sua volta parte del team che guida. L'equilibrio fra la capacità di delegare e quella di mettersi in gioco personalmente è molto delicato e, una volta raggiunto, è segnale di un'ottima leadership.

4

L'EQUILIBRIO TRA UMILTÀ E ASSERTIVITÀ

La vita di un vero leader si basa sull'equilibrio. Nel capitolo precedente abbiamo visto quello fra il delegare e il prendere le redini della situazione mentre adesso andremo a parlare di quello fra umiltà e assertività. L'umiltà è la capacità di riconoscere i propri limiti, evitando qualsiasi forma di superbia, emulazione, sopraffazione oppure orgoglio. L'assertività, invece, è la capacità di esprimere le proprie emozioni e opinioni in maniera chiara, senza però denigrare o aggredire l'altro.

Come mostrare umiltà ma essere disposti a parlare e a opporsi a decisioni discutibili che potrebbero danneggiare il team e l'obiettivo

Nell'immaginario collettivo ci sono due pensieri assai diffusi che ci rendono difficile comprendere come un leader possa essere umile. Il primo, è l'idea che la maggior parte della gente ha del leader in sé. In questo libro, stai scoprendo chi è davvero il leader, ma quasi tutte le persone lo immaginano come qualcuno che comanda, che si sente superiore agli altri o che effettivamente lo è, che alza la voce, che minaccia, insomma un uomo o una donna d'acciaio che non fallisce, non trema e non piange mai. Allo stesso tempo, la maggior parte delle persone pensa che essere umile significhi essere debole. Nessuno ci insegna a valorizzare le nostre emozioni, a mostrarci vulnerabili, e così quasi tutti noi cresciamo convinti che non bisogna essere umili ma sbandierare ai quattro venti le nostre capacità, perché è solo così che gli altri ci reputeranno dei vincenti.

Per arrivare a fare tuo il binomio vero leader/umiltà è necessario ricordare, quindi, che questa figura non è come quella del capo, bensì basa il suo operato sulla fiducia in grado di far provare ai seguaci e su tutta una serie di caratteristiche che fanno sì che egli lavori per un obiettivo comune. L'umiltà, d'altro canto, non ha niente a che vedere con la debolezza o con l'essere dei perdenti. Essere umili significa non sentirsi superiori agli altri. Se vogliamo ampliare per un attimo il discorso, pensiamo a come l'Uomo tenda a sentirsi superiore a ogni altra creatura vivente presente sul pianeta. Ci sono tanti individui, poi, che si pensano superiori agli altri. Pensiamo a un miliardario che guarda dall'alto verso il basso un senzatetto o un impiegato. L'umiltà è quella virtù che nasce dalla consapevolezza di essere parte del mondo e dell'universo. Il tuo ruolo è fondamentale, ma lo stesso vale per tutte le altre persone e creature. Un sasso, una formica, un cavallo e un elefante non valgono meno di te. La tua vicina di casa, il prof. di matematica di tuo figlio, i tuoi famigliari, il tuo boss eccetera non valgono né più né meno di te.

Comprendere veramente tutto questo - quindi far scendere questo concetto nella parte inconscia della tua mente - significa compiere il primo, importante passo per diventare un vero leader. Questa figura, infatti, non può prescindere da una buona dose di umiltà.

Come sviluppare l'umiltà

A meno che tu non sia stato particolarmente fortunato, l'ambiente in cui sei cresciuto non ti ha insegnato a essere umile. Al contrario, sin da piccoli c'insegnano a prevalere sugli altri, a vincere le varie competizioni a scuola, i concorsi da grandi, ci valutano con dei voti prima e con l'ammissione o meno a una certa facoltà universitaria o l'assunzione presso una certa azienda dopo. Siamo stati programmati, quindi, con la concezione che per dimostrare di valere qualcosa sia necessario sentirci e dimostrarci più in gamba di tutti gli altri. Se ti rivedi in questo scenario, devi cominciare a lavorare sui tuoi schemi mentali per sovrascriverli. Andiamo a vedere anche degli esercizi pratici che potrai fare per divenire più umile:

- Smetti di giudicare gli altri. Se da una parte la società c'insegna a competere e a sentirci superiori agli altri, dall'altra c'insegna anche a giudicare. Noi stessi veniamo spesso giudicati. Magari all'asilo ti definivano troppo scalmanato, a scuola uno che s'impegna poco, con gli amici uno espansivo e via dicendo... Tutti noi siamo cresciuti vittime degli stereotipi e, allo stesso tempo, usiamo proprio quei pensieri largamente diffusi come metro di giudizio per gli altri. Pensa alle persone che fanno parte della tua vita o del tuo team, da quelle più importanti a quelle che ricoprono un ruolo marginale. Non sarebbe meglio se, invece di giudicarle (che poi i giudizi portano con sé le aspettative), tu le accettassi per come sono?
- Crea dei legami autentici. Comportandoti in maniera autentica, ovvero essendo sempre te stesso, costruirai dei legami autentici. Quando una persona vorrà passare del tempo con te, si complimenterà per il tuo lavoro come leader e via dicendo, saprai che lo fa dopo aver visto il vero te. Allo stesso modo, tu, smettendo di giudicare gli altri, ti approccerai a loro come non hai mai fatto finora. Ogni rapporto sarà genuino e la tua vita ne sarà arricchita.
- Non snobbare altri punti di vista. Quando parli con qualcuno che la pensa diversamente da te a malapena lo ascolti e poi dici, "Sì, ma..."? Ricordati che, poiché non sei superiore a nessuno, il tuo modo di vivere e pensare non è l'unico "giusto" al mondo e che, parlando con altre persone che hanno vissuto esperienze diverse dalle tue, e che hanno punti di vista che possono discostarsi molto dal

tuo, non solo imparerai tanto ma potresti avere anche nuove idee.

- Sii generoso. In questa società occidentale dove il buonismo e le apparenze sembrano diffondersi a macchia d'olio, è importante sapere che la vera generosità è quella che parte dal cuore. Chi è generoso mette le altre persone al centro della sua vita e dà loro un'importanza maggiore rispetto a quella che dà ai beni materiali.

Come sviluppare l'assertività

Nel corso della vita, e anche nella tua leadership, si presenteranno sicuramente delle situazioni in cui sarà necessario che tu faccia sentire la tua voce per evitare che il team imbocchi la strada sbagliata, commetta un errore colossale o vanifichi tutti gli sforzi fatti finora per raggiungere lo scopo comune. Come la maggior parte di noi non è stata educata all'umiltà, lo stesso vale per l'assertività. La maggior parte della gente è schiava delle proprie emozioni e pensa che controllarle sia impossibile. Allo stesso modo, quando deve parlare e affrontare un faccia a faccia con qualcun altro, ecco che non sa comunicare con calma e con chiarezza, ma si infervora perdendo di vista lo scopo finale. Se ti riconosci nella persona che spesso balbetta, si arrabbia, diventa rossa in volto, non sa cosa dire eccetera, non preoccuparti perché è una situazione molto comune. L'assertività è quell'arma che farà sì che tu ottenga il rispetto degli altri.

Il rispetto, infatti, non è qualcosa che i tuoi seguaci ti devono solo perché sei il loro leader, ma qualcosa che devi ottenere. Essere assertivi, quindi, significa essere in grado di affermare sé stessi. Se ripensi alle varie caratteristiche necessarie per essere un buon leader, capisci come siano tutte importanti e come la sicurezza di sé, in questo contesto, sia una delle fondamentali. Una persona insicura, con una postura da sconfitto, che non ha il coraggio di guardare gli altri negli occhi, che non sa esprimersi, non potrà mai ottenere il rispetto degli altri.

L'assertività è l'equilibrio, la via di mezzo, fra due comportamenti opposti dell'essere umano: quello passivo e quello aggressivo. Immaginiamo una linea, a sinistra troviamo il comportamento passivo e a destra quello aggressivo. La persona dal comportamento passivo è quella che si sente sconfitta, che ha abbandonato i propri sogni, che svolge una vita abitudinaria in cui non si sente né felice né soddisfatta ma ha troppa paura per agire e apportare dei cambiamenti. Egli non crea il proprio presente o il proprio futuro, ma subisce gli eventi della vita e le scelte degli altri. Senza arrivare al massimo dell'essere passivi, a tutti è capitato, almeno una volta nella vita, di adottare questo atteggiamento. Magari c'è stata una volta in cui il capo ti ha sgridato davanti a tutti per un errore che non avevi commesso e tu hai chinato la testa e sei rimasto in silenzio, oppure quella volta in cui avresti voluto vivere del tuo sogno di diventare scrittore o musicista ma lo hai messo da parte per una carriera più tradizionale, come volevano gli altri, o ancora le volte in cui esci con il partner o con gli amici e ti lasci trascinare in esperienze che non t'interessano, senza avere il coraggio di dire di "no" o di proporre ciò che vorresti fare davvero. L'individuo passivo è uno che non rispetta sé stesso e, pertanto, non ha il coraggio/non vede la necessità di far sentire la propria voce. Egli è quello che "segue il gregge" e non potrebbe diventare mai un leader. La persona passiva non si pone domande, ma fa quello che fanno tutti perché preferisce mantenere lo status quo piuttosto che correre dei rischi per imboccare la strada che gli sarebbe più congeniale o per crearne una nuova. La caratteristica chiave di questo tipo di persona è, come abbiamo già accennato, la mancata capacità di costruire la propria vita, arrivando, invece, a limitarsi a subire ciò che gli succede.

La persona aggressiva, invece, è al lato opposto di quella passiva. Se quest'ultimo, come abbiamo visto, può passare inosservato, non prende mai l'iniziativa, è privo di coraggio ed è semplicemente il cittadino medio, senza niente di personale oppure di originale, l'aggressivo è quello che potrebbe essere descritto come un bullo.

Quando pensiamo ai bulli ci vengono in mente i ragazzi delle scuole che prendono in giro dei loro compagni, ma i bulli si trovano ovunque, anche nel mondo degli adulti. Il bullo è colui che s'impone sugli altri non come un vero leader ovvero, come abbiamo ampiamente detto, avendo a cuore le altre persone, facendo sì che queste provino fiducia nei suoi confronti e lavorando per raggiungere un obiettivo comune, ma attraverso la prevaricazione, il fare la voce grossa, l'imporre le proprie idee, il manovrare gli altri ai fini di obbligarli a fare ciò che vuole lui. Un capo, per esempio, può essere un bullo. L'assertivo è colui che si trova nel centro della linea, a metà strada fra il passivo e l'aggressivo. La persona assertiva è quella in grado di dimostrare le proprie capacità e di far sentire la propria voce (cose che, invece, il passivo non è capace di fare) senza però alzare la voce, voler prevaricare sugli altri, voler far valere la propria opinione sempre e comunque (caratteristiche tipiche dell'aggressivo).

Ora che abbiamo visto cos'è e cosa non è l'assertività, è facile capire come mai è importante, per un leader, averla. Non si può essere dei veri leader se non si è in grado di far valere le proprie ragioni, di esprimere le proprie opinioni in maniera chiara ma rispettosa, di farsi seguire senza imporre il proprio volere perché ciò renderebbe impossibile il raggiungimento dell'obiettivo comune. Facciamo un esempio, Giulio è il leader del suo gruppo di colleghi. Lo scopo comune da raggiungere è ottenere il fine-settimana libero, senza straordinari. Due colleghi, a un certo punto, non hanno più voglia di combattere per ottenere questa modifica nell'orario di lavoro. Se Giulio non facesse niente al riguardo, non parlasse con loro, non rincuorasse gli altri dicendo e dimostrando che le loro azioni non sono inutili, il rischio che tutto salti in aria senza nessun cambiamento è molto reale. Allo stesso modo, se Giulio si mettesse a gridare contro i due colleghi, a dar loro degli stupidi, a offendere anche gli altri perché non hanno il coraggio di agire e via dicendo, il risultato rischierebbe di essere lo stesso. Andiamo a vedere, dunque, come puoi migliorare la tua assertività:

- Credi in te stesso. Lo abbiamo detto tante volte, e continueremo a farlo perché avere un'elevata autostima è fondamentale per diventare una persona più assertiva. L'insicuro, colui che è convinto di valere meno di niente, non riuscirà mai a far sentire la propria voce, a parlare con gli altri in maniera chiara ma rispettosa e, in generale, a farsi valere. Il primo passo, quindi, è cominciare a rispettare te stesso. inizia a dire di "no" a tutte le situazioni e persone che senti che non contribuiscono al tuo benessere, alla tua crescita o al raggiungimento di un tale obiettivo. Inizia a compiere le tue scelte invece di accettare passivamente quelle altrui. Cerca di dare una direzione alla tua vita. Chiediti chi sei, dove vuoi andare, chi vuoi diventare e rispolvera qualche sogno che hai chiuso nel cassetto. La caratteristica principale delle persone insicure è la ricerca (conscia o inconscia) dell'approvazione altrui. Nel momento in cui smetterai di volerla, ti renderai conto di poter agire per soddisfare i tuoi desideri e le tue aspirazioni, e non quelli altrui. All'inizio questo passaggio potrà essere difficoltoso, perché le persone nella tua vita sono abituate al tuo essere una persona insicura, ma sappi che non devi rendere conto a nessuno, neanche alle persone più care. Puoi ascoltare i loro consigli, ma per aumentare la sicurezza in te stesso e, di conseguenza, il tuo livello di assertività, devi poi pensare con la tua testa e agire seguendo quella tua volontà.
- Impara a comunicare. Saper comunicare in maniera efficace vuol dire molto di più del sapere semplicemente parlare. Abbiamo già visto come la comunicazione non includa solo le parole ma anche il linguaggio del corpo, il tono di voce, la postura e mille altre piccole sfumature. La persona assertiva parla lentamente, usando un tono di voce che non è né troppo alto né troppo basso, usa spesso la parola "io" oppure "noi" ed evita tutti quei verbi al condizionale, che danno un senso d'incertezza come

"dovrei", "dovremmo", "potrei", "potremmo"… Da evitare anche parole come "cioè" e "forse". La persona assertiva deve saper comunicare in maniera sicura, chiara e concisa, senza "se" e senza "ma".

- Impara a esprimerti liberamente. La maggior parte delle persone, quando parla con gli altri, non lo fa in maniera totalmente libera. C'è una parte di loro che è sempre spaventata dal giudizio altrui, dalla possibilità che l'altra persona non approvi la sua scelta, la sua idea o il suo pensiero, il tutto acuito da un senso d'insicurezza di fondo che di sicuro non aiuta. Esprimersi liberamente significa esprimere i tuoi pensieri, le tue idee, le tue convinzioni, i tuoi piani senza alcuna remora. Sei sicuro di te, credi in te stesso, dai valore a ciò che sei, pensi e fai e, per questo, non hai paura di condividere tutto ciò con nessuno.

- Impara ad accettare le critiche. Hai appena finito un progetto a cui tieni molto e un tuo collega lo valuta "mediocre", ti sei appena fatto un nuovo taglio di capelli e il tuo partner non ne è entusiasta come ti eri aspettato, tua madre ti accusa di essere troppo perfezionista, il tuo capo ti dice che sei un ritardatario cronico e, che ci sia un fondo di verità o meno in queste critiche, le prendi sul personale e spesso rispondi per le rime, ti senti giù di morale, ferito o arrabbiato. Le critiche altro non sono che giudizi che altre persone esprimono sul tuo conto, spesso senza che abbia chiesto loro alcuna opinione. Anche tu, del resto, critichi le persone, anche se forse non sei conscio di questo tuo comportamento. C'è chi lo fa spesso e chi raramente, ma nella società contemporanea criticare gli altri, sia online sia offline, è diventato un atteggiamento molto diffuso. La persona assertiva, però, non si fa mettere i bastoni fra le ruote dalle critiche altrui perché è in grado di gestirle nella maniera corretta. Quando qualcuno esprime un giudizio negativo su di te o su un tuo pensiero/operato, assumi un atteggiamento distaccato e oggettivo, chiedendoti se quella critica abbia un fondo di verità. In effetti, se ogni mattina arrivi al lavoro con mezz'ora di ritardo, forse la critica del tuo capo sull'essere un ritardatario cronico non è infondata e puoi usarla come spunto per migliorarti. Tieni in considerazione, quindi, le critiche costruttive, ovvero quelle fatte con l'intenzione di aiutarti a correggere un atteggiamento o a vedere un altro punto di vista in una determinata situazione, ma ignora a piè pari quelle che non hanno fondamenta e che sono dette solo per ferirti.

- Non avere paura di fare complimenti agli altri. Se la maggior parte della gente ha una forte tendenza a voler criticare gli altri, è molto più difficile individuare i pregi altrui e, magari, fare dei complimenti a quella persona. Quasi tutti, quando incontriamo qualcuno più bravo di noi, o che ha già raggiunto l'obiettivo che noi ci siamo prefissati, proviamo rabbia e invidia nei suoi confronti, quando l'atteggiamento giusto è quello del riconoscere i suoi pregi e dell'ammirarlo per essere già arrivato dove noi vorremmo essere. La persona assertiva, quindi, non è insicura come quella passiva che, proprio perché convinta di essere una nullità, vede il suo mancato valore aumentare di fronte al successo e alle capacità altrui, né è drogata di sé stessa come l'aggressivo, che non tollera l'idea che qualcuno possa essere migliore di lui. L'individuo assertivo è, dunque, capace di fare complimenti sinceri agli altri e, di riflesso, le sue abilità nelle relazioni interpersonali aumentano, così come il rispetto che gli altri provano per lui.

- Impara a gestire i conflitti. Molte persone pensano che tutti i conflitti che devono affrontare nel corso di una settimana, o di una giornata, siano necessari e inevitabili e che ci sia un unico modo di litigare, ovvero urlando, arrabbiandosi e cercando di far cambiare idea all'altra persona (magari arrivando a offenderla, minacciarla o spaventarla.). La prima cosa da sapere è che la maggior parte dei litigi non solo sono evitabili, ma sono anche inutili. Litigare ti porta a provare emozioni negative che prosciugano le tue energie. Quando ti capita di discutere con il partner per dove andare in vacanza, con tuo figlio perché non mette mai in ordine la cameretta, con il tuo vicino di scrivania perché lascia sempre i suoi fogli nella tua zona e via dicendo, domandati se quell'atteggiamento di rabbia e aggressività sia davvero necessario. Nel 99% dei casi, la risposta è "no". Ci sono delle volte in cui, però, i conflitti non si possono evitare e pensare di vivere un'esistenza totalmente priva di diverbi e litigate è semplicemente un'utopia. Detto questo, in tale scenario la persona passiva si fa dominare dall'altro durante un litigio, l'aggressivo perde il controllo magari alzando la voce, offendendo l'altra persona o lanciando gli oggetti contro la parete e l'assertivo, invece, mantiene i nervi saldi e non si lascia coinvolgere dall'eventuale aggressività dell'altra persona. La persona assertiva sa che ogni conflitto può essere un'opportunità per crescere, purché questo venga gestito nel modo corretto.

In conclusione, quindi, l'umiltà e l'assertività sono due caratteristiche imprescindibili per ogni leader che si rispetti. È importante che tu cominci ad apportare dei cambiamenti pratici nella tua vita, cominciando dalle piccole cose, ai fini di diventare una persona più umile e assertiva.

5

COS'E IL MODELLO DISC E COME USARLO A TUO FAVORE

Il modello DISC si basa sugli studi effettuati da William Marston, psicologo che prestò attenzione particolare allo studio dei comportamenti delle persone comuni quando si relazionano con gli altri in diversi ambienti o situazioni. Nel 1928 Marston ha scritto il libro "Emotions of Normal People" (Le emozioni delle persone comuni) che esplicava come il modo di reagire degli individui in una determinata situazione dipendesse sia dalla percezione dell'ambiente, che poteva essere favorevole o sfavorevole, sia dalla percezione del Sé (sentirsi più forte dell'ambiente). Il volume giunge alla conclusione che le persone efficaci sono quelle in grado di reagire in maniera compatibile con le aspettative e le richieste di ogni differente ambiente.

L'acronimo DISC nasce da 4 tipologie diverse di percezione di un ambiente o contesto:

D = dominanza

I = influenza

S = stabilità

C = cautela

La dominanza è alla base di quei comportamenti che puntano verso l'azione, al problem solving, al correre dei rischi e al prendere delle decisioni in maniera rapida. Essa nasce da una reazione sfavorevole all'ambiente e da una risposta assertiva. L'influenza, invece, riguarda l'aspetto emozionale dei rapporti fra individui, la pro-attività e tutto ciò che ha a che vedere con l'altro. Essa avviene quando l'ambiente viene percepito come favorevole e la risposta è di tipo assertivo. La stabilità nasce da una percezione dell'ambiente favorevole e da un tipo di risposta assertivo. Essa include tutti quegli atteggiamenti volti a trovare o mantenere un equilibrio e una certa continuità al fine di essere di supporto agli altri. La cautela nasce quando l'ambiente viene percepito come sfavorevole e la risposta è di tipo non assertivo. In questo caso stiamo parlando di atteggiamenti che si basano su competenze e conoscenze già acquisite, di cui la persona si sente forte, con lo scopo di assicurare la qualità.

Gli stili comportamentali basandoci sul modello DISC

Abbiamo appena visto come il modello DISC ci aiuti a individuare quattro settori differenti che si traducono, poi, in 4 diversi stili comportamentali. Essi sono:

- Individui cauti. Forse conosci anche tu una persona del genere, o magari ti rispecchi nella seguente descrizione. Il cauto è quell'individuo che, prima di prendere una decisione, ci pensa mille volte, che agisce sempre lentamente, che valuta razionalmente tutti i pro e i contro prima di fare qualsiasi cosa.
- Individui decisi. Al contrario, le persone decise sono quelle caratterizzate dalla velocità sia nel pensiero sia nell'azione.
- Individui stabili. Questo tipo d'individui è interessato non soltanto al proprio benessere, o a quello delle persone a loro care, ma anche a quello della comunità in generale. Magari sono quelli che fanno volontariato, si adoperano

per gli altri o che, semplicemente, tengono sempre a mente anche le necessità altrui sia sul lavoro sia nella vita personale.

- Individui influenti. Sono quelli che ambiscono a sviluppare il proprio business ma che vogliono vivere esperienze stimolanti e divertenti durante il processo.

Come usare gli stili comportamentali a tuo favore

Sai perché la maggior parte delle persone non sa comunicare in maniera efficace con il risultato che spesso non ottiene ciò che desidera? Il motivo è che quasi tutti sono ignari dei diversi stili comportamentali di cui abbiamo parlato nei paragrafi precedenti e comunicano alla stessa maniera sia con un individuo influente sia con uno cauto. Se vuoi raggiungere ogni obiettivo quando comunichi con le altre persone, devi cominciare ad allenare la tua capacità di percepire correttamente il tuo interlocutore. Per farlo, puoi far leva sulla tua empatia, ma anche analizzare dei comportamenti pratici di questa persona.

Supponiamo che tu debba parlare con il capo di un'altra azienda, ben piazzata nel tuo settore, con la quale vorresti avviare una collaborazione. Analizza come si comporta questa persona dal momento in cui entra nel tuo ufficio. Ti fa mille domande per valutare il margine di rischio? O, al contrario, è lanciatissimo nella tua proposta e vorrebbe iniziare già domani? Nel primo caso, ti trovi davanti a un individuo cauto mentre, nel secondo, a uno deciso. È ovvio che, per ottenere ciò che vuoi, devi adattare il tuo stile comunicativo sulla base di quello comportamentale a cui il tuo interlocutore appartiene.

È molto importante anche capire a quale stile comportamentale appartieni tu. Il tuo comportamento naturale, infatti, si allinea facilmente con altri simili a te mentre potresti avere più difficoltà a comunicare in maniera efficace con una persona che ti è totalmente opposta. Se non hai la più pallida idea dello stile a cui appartieni, trascrivi le caratteristiche riportate in precedenza e analizzale con calma. Pensa alla tua vita finora e alla tua quotidianità. Come ti comporti nei vari ambienti? Come comunichi con gli altri? Come affronti la vita? Sii onesto nelle risposte e, se pensi che possa esserti d'aiuto, chiedi consiglio anche a delle persone fidate. Una volta individuato il tuo comportamento naturale saprai con quali tipi di altre persone puoi relazionarti con facilità e con quali, invece, dovrai faticare di più. Se, per esempio, il tuo comportamento naturale è di cautela, potresti avere non poche difficoltà a relazionarti con una persona influente o decisa. Una volta individuato il tuo comportamento naturale potrai lavorare sul migliorare il tuo stile comunicativo, per esempio iniziando a prestare attenzione al tono di voce o al linguaggio del corpo, che sembrano dei piccoli dettagli ma che, in realtà, sono assai rilevanti.

Il modello DISC nella leadership

Il modello DISC, uno dei più fondati ed efficaci per valutare le capacità di un leader e i vari stili di leadership, viene utilizzato molto spesso sia dagli individui sia dalle aziende. Queste, per esempio, ne fanno uso nella scelta dei candidati o nella formazione di un team (lo stesso può fare un individuo). Una persona singola può attingere al modello DISC per l'avanzamento della propria carriera.

Molti leader fanno uso del modello DISC per capire qual è lo stile di leadership più adatto a loro dopo aver analizzato i collaboratori in fatto di livello di maturità e del loro stile comportamentale prevalente. Se la maggior parte dei collaboratori è composta da individui cauti, anche se tu appartieni a un altro stile comportamentale è importante che impari a parlare e a interagire in un modo che risuoni loro, che li motivi e non li spaventi. Possiamo dire, quindi, che il modello DISC viene frequentemente usato per migliorare la propria comunicazione, aspetto fondamentale per qualsiasi leader.

Abbiamo ampiamente discusso di come un individuo che non sa comunicare in maniera efficace non potrà mai essere un vero leader. Se senti che questo è il tuo caso, che nonostante gli sforzi la comunicazione con i tuoi collaboratori o con gli altri in generale non dà i frutti sperati, puoi usare il modello DISC per conoscere te stesso, capire a quale stile comportamentale appartieni, fare lo stesso con gli altri e cominciare ad agire di conseguenza.

Il segreto per ogni leader di successo è quello di saper adattare il proprio modello comportamentale nonché il proprio stile comunicativo a quelli della persona con cui sta interagendo. Ripetiamo che, se tu appartieni allo stile comportamentale degli influenti ma ti stai relazionando con una persona cauta, la tua mancata capacità di adattarti al suo stile comportamentale e comunicativo rischia di rendere vana la tua comunicazione. È logico, inoltre, che interagire con le persone che condividono il nostro stile comportamentale naturale è estremamente facile ma purtroppo non tutti sono in questa situazione e sarai d'accordo nel dire che, nel lavoro ma anche nella vita in generale, ci capita di parlare con tante persone, molte appartenenti a stili comportamentali diversi dal nostro.

Degli studi hanno dimostrato che le persone che hanno maggior successo nel comunicare efficacemente con gli altri sono quelle che conoscono sé stesse, che sono consce dei propri punti di forza e delle proprie debolezze (argomento che tratteremo meglio nel paragrafo successivo) e che sono in grado di valutare anche lo stile comportamentale di appartenenza di ogni persona con cui interagiscono.

Come amplificare i propri punti di forza e compensare le proprie debolezze

Anche se alcune persone tendono a sentirsi o a credersi invincibili, nessuno di noi è Superman o Wonderwoman. Questo è importante da sapere e da accettare perché l'individuo che pensa di non avere alcuna debolezza difficilmente riuscirà a diventare un vero leader. Tutti noi, infatti, siamo composti sia da punti di forza sia da debolezze. Molte persone, però, non sono realiste quando parlano dei propri punti di forza o delle proprie debolezze. C'è chi è convinto di avere solo pregi e pochissimi o zero difetti e chi, al contrario, fatica a individuare i propri punti di forza (tanto che alcuni individui sono genuinamente convinti di non averne neanche uno) mentre pensa che le debolezze abbondino.

Ognuno di noi può lavorare per amplificare i propri punti di forza e compensare le debolezze ma la prima cosa da fare è conoscere sé stessi. Se non sai chi sei, quali sono i tuoi effettivi punti di forza e le tue reali debolezze, come puoi pensare di lavorarci sopra? Il processo di conoscere veramente sé stessi è complesso e molto lungo, tanto che c'è chi crede che duri tutta la vita. Il primo passo, come sempre, è quello di cominciare e, man mano che ti conoscerai meglio, ti verrà sempre più facile lavorare anche sui tuoi punti di forza e sulle tue debolezze. Adesso ti daremo dei consigli per migliorare in questi ambiti.

Come amplificare i propri punti di forza

La prima domanda che devi porti è: perché dovrei lavorare sull'amplificare i miei punti di forza? La risposta è che, così facendo, crescerai molto più in fretta. La prima cosa da fare è individuare i tuoi punti di forza, e non preoccuparti se non sai da dove cominciare. Anche se l'idea di scavare dentro te stesso per scoprire i tuoi pregi di spaventa, specialmente se pensi di non averne, è il primo passo da fare. La maggior parte di noi tende a pensare alle proprie debolezze ma raramente si concentra sui propri punti di forza e sulle competenze che già ha acquisito o che ha dal momento della nascita. Pensa alla tua vita finora e concentrati sui tuoi punti di forza, grandi o piccoli che siano. A scuola dovevi studiare pochissimo per via della tua memoria di ferro? Ecco un punto di forza. Sei sempre ricercato dagli amici per la tua simpatia? Eccone un altro. Sei così ordinato che la tua scrivania in ufficio viene presa a modello dai colleghi? Un altro punto di forza! Il punto di forza è quella cosa che ti fa sentire bene. Sicuramente nell'avere una memoria da elefante, nell'essere simpatico e ordinato ti senti bene perché puoi ricordare molte cose senza sforzo, sei benvoluto da tutti e non corri il rischio di perdere dei documenti importanti su una scrivania caotica... per trovare i tuoi punti di forza, quindi, pensa a ciò che ti stimola e che ti fa sentire bene.

UNA VOLTA INDIVIDUATI questi tuoi punti di forza, passiamo all'amplificarli:

- Sviluppa una competenza collegata al tuo punto di forza. Hai una memoria di ferro? Magari potresti frequentare un corso per cambiare lavoro, scegliendone uno che ti appassioni e dove la tua memoria possa essere un valore aggiuntivo importante. Sei simpatico? Impara come diventare clown dottore o come divenire animatore! Se non hai idee, utilizza Linkedin per guardare i profili degli individui che già hanno il lavoro che tu sogni. Quali sono le competenze che questi possiedono ma che tu ancora non hai? Lavora in quel senso.
- Trasforma i difetti in punti di forza. Chi l'ha detto che i difetti e le debolezze debbano rimanere tali? È possibile trasformarli in punti di forza accettandoli per quello che sono, entrando in connessione con il nostro vero Io, perseverando anche quando i pensieri o gli atteggiamenti auto-sabotanti (ovvero, quando a sabotarti non sono gli altri, ma tu stesso) cercheranno di avere la meglio. Se, per esempio, da sempre tutti ti dicono che sei troppo adrenalinico forse questo non è un difetto ma potrebbe essere un punto di forza per migliorare nello sport o per trovare un lavoro in un ambito in cui questa caratteristica è apprezzata.
- Valorizza i tuoi punti di forza. Se è vero che non dobbiamo essere egocentrici, è anche vero che molte persone hanno la tendenza a sminuirsi. Magari sei bravissimo nelle lingue straniere, un genio in matematica, sei così empatico che

tutti ti chiedono consiglio e aiuto o, ancora, sei estremamente paziente. Sei conscio di questi tuoi punti di forza ma tendi a usarli raramente e a non parlarne quasi mai. Quando ti si presenta un'occasione in cui un tuo punto di forza può farti vivere un'esperienza che ti rende felice, o che ti aiuterà a crescere, non essere timido al riguardo ma cogli l'occasione al volo. Allo stesso modo, non avere paura di costruirti le occasioni giuste per massimizzare i tuoi punti di forza.

Esempi di punti di forza

Se l'idea di lavorare sui tuoi punti di forza ti entusiasma, ma proprio non sai come individuare i tuoi, né hai ben compreso di cosa stiamo parlando, questa sezione ti sarà sicuramente d'aiuto. Quelli sotto elencati sono solo alcuni fra i tanti che potresti avere. Comincia chiedendoti se ne possiedi qualcuno. Se così non fosse, non scoraggiarti, e segui i consigli di cui sopra per trovare i tuoi punti di forza personali. Se, invece, ti riconosci in qualcuno di quelli sotto elencati, puoi cominciare a lavorare su questi.

- Creatività. Non importa che tu usi questo tuo punto di forza per mantenerti o meno. Se sei un artista, un musicista, uno scrittore, un attore e via dicendo (o magari, più di una di queste cose) hai un punto di forza. La creatività, infatti, è un valore aggiunto che non tutte le persone possiedono.
- Pro attività. Le persone pro attive sono quelle in grado di anticipare ciò che potrà accadere in futuro, sia in una luce positiva sia in una negativa, e per questo sono molto ricercate dalle aziende. Specialmente se stai cercando un impiego, ma anche se già lavori, non nascondere sotto il banco quello che anche i tuoi colleghi e soprattutto il tuo boss reputeranno un vero e proprio punto di forza.

- Carisma. Abbiamo visto come tutti i veri leader siano carismatici. Se riesci a influenzare le persone senza essere aggressivo ma facendo sì che loro si fidino di te e ti ammirino, arrivando ad affascinarle e attirarle come se tu fossi un magnete, allora sei un individuo carismatico. Questo è sicuramente un tuo punto di forza.

- Pazienza. Non perdi la pazienza neanche quando dai ripetizioni ai bambini delle scuole elementari, quando il tuo partner ti chiede per la milionesima volta dove hai messo i calzini, quando il tuo collega sbaglia qualcosa in un progetto congiunto al lavoro e via dicendo? La pazienza è sicuramente un valido punto di forza.

- Leadership. Sai che la leadership è, di per sé, un punto di forza? Se è vero che tutti possiamo diventare dei veri leader, è anche vero che ci sono persone che nascono con una certa predisposizione per la leadership, o che già hanno acquisito le competenze necessarie per muoversi agilmente in questo campo.

- Empatia. Se sei una persona empatica, a cui viene facile comprendere gli altri, ascoltarli senza giudicarli e sentire le loro emozioni come se fossero le tue, tieniti stretto questo tuo punto di forza.

- Coraggio. Non stiamo parlando del coraggio fisico ma di quello di sapere di poter affrontare qualunque difficoltà o fallimento perché, in qualche modo, ci rimetteremo in piedi. Se ti rivedi in questa descrizione, ecco che hai appena trovato un tuo punto di forza.

- Rispetto. Se sei una persona che tende a rispettare gli altri, e magari rispetti anche te stesso, puoi far uso di un importante punto di forza.

Come accennato, questi sono soltanto alcuni dei punti di forza che una persona può avere. Altri suggerimenti sono: attitudine, affermazione (essere assertivo), oratorio (sapersi esprimere bene con il lessico parlato), tenerezza, intuizione, attitudine (quelle facoltà che ti permettono d'integrarti con gli altri e di adattarti), puntualità, umiltà, perseveranza (continuare a lavorare per raggiungere i propri obiettivi, a dispetto degli ostacoli che puoi trovare lungo il percorso), fiducia e sincerità. La lista potrebbe andare avanti ancora a lungo ma, in fondo, uno degli aspetti migliori – e, perché no?, anche divertenti – del lavorare sui propri punti di forza sta anche nella ricerca di questi. Quindi, comincia a conoscerti veramente, analizza la tua vita finora e la tua realtà quotidiana, chiedi consigli alle persone che ti conoscono bene e che sai che vogliono il meglio per te (se ne senti la necessità) e sappi che, lavorando sui tuoi punti di forza, potrai cambiare in meglio la tua vita e arricchire anche la tua leadership.

I benefici dell'amplificare i propri punti di forza includono il miglioramento delle relazioni interpersonali, l'avere una maggiore consapevolezza di te, l'essere più felice, il sentirti meno stressato, l'ottimizzare l'uso della tua energia, il miglioramento delle tue performances lavorative e la capacità di raggiungere il tuo obiettivo con uno sforzo minore rispetto a quello richiesto se non avessi lavorato sui tuoi punti di forza.

Come compensare le proprie debolezze

Prima di parlare di come compensare le proprie debolezze, è necessario domandarsi: che cosa sono, in realtà, le debolezze? La società ci insegna che le debolezze sono qualcosa di negativo, di cui vergognarci e da nascondere. Magari nel corso della tua vita sei stato preso in giro o non hai ottenuto qualcosa che volevi proprio per via di una debolezza. Forse a scuola gli altri bambini ti prendevano in giro per la tua timidezza, la tua difficoltà a parlare in pubblico ha fatto sì che tu non fossi scelto per quel lavoro a cui tenevi tanto, l'essere sempre in ritardo ha fatto desistere quell'uomo o quella donna dal continuare a uscire con te e via dicendo. Le debolezze sono sì i nostri punti deboli, ma dobbiamo smettere di pensare che siano qui per rovinarci la vita. Il consiglio è quello di accettare le nostre debolezze proprio perché la perfezione non esiste e, quindi, nessuno di noi è perfetto. Tutti abbiamo delle debolezze, anche quelle persone che fanno di tutto per non mostrarle. Forse conosci qualcuno che sembra sempre sicuro di sé, o magari segui delle persone sui social che danno un'immagine di sé che rasenta la perfezione, ed ecco che tutto ciò contribuisce ad accendere i riflettori sui tuoi difetti, convincendoti che tu hai chissà quante debolezze mentre il resto del mondo sembra riuscire dove tu continui a fallire.

In questa sezione andremo a vedere come compensare le proprie debolezze ma anche come venire a patti con esse. Tu sei tu anche per via delle tue debolezze ed è importante, per lavorarci su, che le accetti come una parte integrante di te.

Come accettare le tue debolezze

Accettare le tue debolezze può non sembrarti facile e, in effetti, è un processo che richiede tempo e impegno. Esso, però, è necessario perché tu cambi approccio verso i tuoi difetti. La prima cosa da sapere è che la maggior parte delle persone considera difetti o debolezze quelle che, in realtà, sono caratteristiche personali che quindi, di per sé, non possono essere sbagliate, anomale o, ancora, causa di un rifiuto o di una mancata opportunità. Determinate caratteristiche fisiche come qualche chilo in più, poca altezza, il naso aquilino, le labbra troppo fini non sono difetti o debolezze ma semplicemente tratti di chi siamo. Quando valutiamo negativamente delle caratteristiche personali lo facciamo perché smossi dalla poca sicurezza in noi stessi e dalla scarsa autostima.

Pensare che le caratteristiche personali siano le nostre debolezze ci spinge anche a non cercare mai i nostri reali difetti. Pensiamo all'egoismo, all'orgoglio, all'eccessivo attaccamento ai beni materiali, al voler prevaricare sugli altri, alla cattiveria, all'individualismo, alla pigrizia, all'essere un ritardatario cronico, a voler incolpare sempre qualcun altro per i propri errori... queste sono tutte debolezze sulle quali, però, è possibile lavorare.

Come lavorare sulle proprie debolezze

Nel momento in cui avrai imparato ad accettare le tue debolezze non con lo scopo di crogiolarti in esse, della serie "Una mia debolezza è il fatto che parlo troppo" per poi non agire per apportare cambiamenti, ma per migliorarti, anche la tua leadership ne trarrà beneficio. Se parli troppo e tendi ad ascoltare in maniera superficiale, o se impedisci agli altri di parlare quanto e come vorrebbero, inizia a lavorare su questa tua debolezza allenandoti all'ascolto attivo e sforzandoti di parlare meno. Per lavorare sulle proprie debolezze è possibile fare alcuni esercizi come quelli riportati qui sotto:

- Studiare le proprie debolezze. Per iniziare a lavorare sulle proprie debolezze non basta prenderne atto ma bisogna proprio analizzarle nell'ottica di farle diventare dei punti di forza. Se, per esempio, sei molto impulsivo prova a vedere questa tua debolezza come una predisposizione all'agire e al pensare in fretta.
- Rammenta le volte in cui una tua debolezza si è rivelata un punto di forza. Pensa alla tua vita finora e cerca di ricordare quelle volte in cui una tua debolezza ha giocato a tuo vantaggio, diventando un punto di forza. Magari il fatto che sei eccessivamente loquace ti ha fatto ottenere quel lavoro a contatto con la clientela o ha fatto sì che tu sia stato in grado di aprire un canale Youtube molto seguito.
- Non rinnegare le tue debolezze. Specialmente se gli altri sembrano far di tutto per ricordarti i tuoi difetti, è probabile che tu abbia la tentazione di rinnegarli. Far finta di niente, però, non porta mai a ottenere dei validi risultati. Sii conscio delle tue debolezze perché solo così potrai compensarle o trasformarle in punti di forza.
- Sii autoironico. Quando si tratta di debolezze che non feriscono te stesso o gli altri, la cosa migliore da fare è riderci su. L'autoironia è, di per sé, un punto di forza che

compensa la debolezza. È logico che se le tue debolezze sono la cattiveria, l'invidia, l'aggressività e altri fattori che possono renderti una persona temuta, poco rispettata o addirittura che spaventa gli altri, c'è ben poco da ridere e dovresti lavorare sin da subito per compensare queste tue debolezze.

Ogni persona, quindi, è composta sia da punti di forza sia da debolezze. Spingere l'ago della bilancia dall'una o dall'altra parte porta a uno scompenso poco realista, che non permette di divenire ottimi leader. Anche se può sembrare che un leader sia un uomo o una donna d'acciaio, abbiamo visto come questo pensiero comune in realtà non corrisponda a verità. Tutti i leader, dai politici alle figure di spicco passando per il capo della tua azienda, l'insegnante di tuo figlio, il coach sportivo o il ragazzo che, nel gruppo di amici, ricopre quella posizione sono perfettamente consci di non essere invincibili e di avere, come tutti, delle debolezze. Ciò che differenzia un vero leader da uno fantoccio, o da un seguace, è la capacità d'individuare le debolezze proprie e altrui ai fini di compensarle o di lavorarci per trasformarle in punti di forza. Anche tu puoi raggiungere quest'obiettivo, iniziando a mettere in pratica i consigli che hai trovato in questo capitolo.

6

COME MOTIVARE GLI ALTRI E, SOPRATTUTTO, SÉ STESSI

In una quotidianità spesso difficile, molte persone hanno difficoltà a trovare o a mantenere alta la propria motivazione per fare qualcosa o per lavorare verso il raggiungimento di un obiettivo. Essere in grado di motivare sé stessi, però, è qualcosa di necessario perché è anche alla base della capacità di motivare gli altri. Un leader che non sa motivare sé stesso, quindi, difficilmente sarà in grado di guidare gli altri verso il raggiungimento dell'obiettivo comune.

Ma che cosa s'intende, precisamente, con il termine "motivazione"? La motivazione è quel processo che dà il via a un comportamento mirato e poi lo mantiene e lo guida. Se pensi ai traguardi che hai raggiunto finora, ti renderai conto che sei stato spinto dalla motivazione. Una persona priva di motivazione difficilmente riesce a raggiungere lo scopo che si è prefissata.

Possiamo dire, quindi, che la motivazione è una sorta di motore che dovrebbe spingere ogni persona a soddisfare un certo bisogno che, una volta raggiunto, gli darà della gratificazione personale. Nella realtà, però, le cose non sono così semplici. Ci sono tantissime persone che semplicemente si trascinano da un giorno all'altro

prive di motivazione, o avendone così poca da risultare insufficiente. Non sono rari i casi, poi, di chi comincia con la motivazione
a mille e successivamente, magari perché il percorso presenta delle
difficoltà, la perde. Forse è successo anche te quando hai avuto
un'idea che ti sembrava geniale e facile da realizzare, quando hai
deciso che avresti cambiato lavoro, lasciato il partner, cambiato
città in cui vivere o rimosso delle persone tossiche dalla tua vita ma
poi ti sei reso conto che, come si suol dire, "fra il dire e il fare c'è di
mezzo il mare" e la motivazione, che all'inizio era un motore che
funzionava alla grande, e ti faceva sentire forte e veloce come una
Ferrari, ha cominciato a scemare fino a sparire del tutto.

Forse ti rispecchi nella descrizione di quelle persone che non
hanno motivazione. Forse hanno dei sogni e degli obiettivi ma,
senza motivazione, sarà altamente difficile che riescano a raggiun-
gerli. Questa sorta di apatia generale, se vogliamo chiamarla così, è
data, come già accennato in un capitolo precedente, dal fatto che
quasi tutta la popolazione vive con il pilota automatico inserito.
Una persona motivata non può vivere con il pilota automatico inserito ma dev'essere consapevole di sé e pienamente presente.

L'impulso motivazionale scatta in tutti, anche in chi solitamente si
fa guidare dal pilota automatico, fosse anche solo per una frazione
di secondo e questo avviene quando c'è una differenza fra una
situazione attuale e una desiderata. Se il tuo lavoro non ti piace e ti
sei deciso a cambiarlo, ecco che inizi a informarti sulle aziende dei
tuoi sogni che stanno cercando personale e l'impulso motivazionale non solo è presente, ma a volte è davvero forte. Il problema è
che, in molti casi, questo dura quanto un battito di ciglia, o
comunque per un arco di tempo insufficiente a portarti al raggiungimento dell'obiettivo che ti sei prefissato.

Come motivare te stesso

La bella notizia è che, come per ogni aspetto di te, puoi lavorare
anche sulla motivazione. Prima di pensare a come motivare gli altri
in quanto aspirante leader, o leader che vuole migliorare le proprie

competenze, è necessario che tu sia in grado di motivare te stesso. Il concetto è sempre lo stesso, "una persona che non ama sé stessa non potrà amare gli altri" e, allo stesso modo, "una persona non motivata e incapace di motivare sé stessa non potrà motivare gli altri". Ma perché motivarti è così importante? Pensa alla motivazione come al motore, a quella spinta interna che fa sì che tu abbia la forza, le energie e il coraggio di perseguire nel raggiungimento dell'obiettivo anche quando le cose si fanno difficili, quando perdi la rotta, quando gli altri cercano di ostacolarti o di demotivarti e in tutti quei contesti negativi e complessi. Raramente il percorso che porta all'ottenimento di ciò che si desidera è una strada veloce e solamente in discesa, per questo è necessario che la motivazione iniziale non scemi e non perda d'intensità ma che rimanga come un fuoco che continua a bruciare incessante dentro di te. Andiamo a vedere degli esercizi pratici per allenarti a motivare te stesso:

- Scegli di essere motivato. Abbiamo già parlato di come la maggior parte delle persone viva con il pilota automatico inserito. Cerca di capire se anche tu sei in questa situazione, molto diffusa, e, per farlo, affidati alla tua onestà. Non ha senso mentire, ma analizza obiettivamente la tua vita finora (i risultati non mentono, tutto il resto sono solo chiacchiere) e chiediti se, in linea generale, conosci te stesso, sei fedele ai tuoi ideali e valori, non hai paura di mostrarti per quello che sei e compi le tue scelte di conseguenza. Se, invece, ti rispecchi di più nella persona che ha una routine regolare, che magari non si sente soddisfatta della sua vita ma si dice che "c'è di peggio" e che non ha la minima idea di chi sia veramente, di cosa fare o di dove andare, nonché che è caratterizzata da un'incapacità di dire "no" alle persone e situazioni che non le piacciono e non reputa utili, ci sono alte possibilità che tu sia abituato a vivere con il pilota automatico inserito. Lo ripetiamo, questo scenario è davvero molto diffuso e colpisce la quasi totalità delle persone. È un risultato di come la società occidentale programmi tutti gli individui, sin da bambini, per essere ingranaggi nel suo sistema produttivo. Alcuni elementi riescono a ribellarsi a questo stato, trovando sé stessi e vivendo la vita in maniera consapevole, ma questa libertà non è riservata a pochi eletti. Tu stesso puoi raggiungerla e una persona motivata, lo ripetiamo, raramente sarà una che si lascia guidare dal proprio pilota automatico, che non lavora sulla sua crescita personale, che ha paura di essere sé stessa e che accetta la vita così come viene senza lavorare, invece, per creare e costruire quella dei suoi sogni. Essere motivato, quindi, è una scelta e, come tale, richiede coraggio. Tante persone restano nella loro zona di comfort, a farsi guidare dal pilota automatico, perché è più comodo e fa meno paura rispetto al prendere le redini della propria vita. Forse è capitato anche a te d'incontrare qualcuno che chiacchiera benissimo di tutto quello che vorrebbe fare ma non si decide mai ad agire. Questo succede perché, anche se spesso la zona di comfort è teatro d'insoddisfazione o addirittura paura, tristezza, malessere e depressione, per molti è sempre meglio rimanere lì, in questo contesto famigliare, piuttosto che scegliere di essere motivati per cambiare rotta della propria esistenza. La motivazione, quindi, è come una forza che ti afferra per le spalle e ti scuote dal torpore. Se vuoi cambiare vita, se vuoi essere un leader, se vuoi diventare più presente, più consapevole di chi sei e di ciò che vuoi, devi scegliere di essere motivato. Per far questo è necessario che tu:

1. Sappia che cosa ti piace. Ci sono individui che, se gli che cosa amano fare, non sanno che cosa rispondere e hanno bisogno di tempo per pensarci. Se non sai cosa ami e cosa odi, chi vorresti essere e chi, invece, non vorresti mai diventare, puoi incappare nell'errore di cercare la motivazione per qualcosa che non ti appassiona o che,

addirittura, odi. In quel caso, non ci sono possibilità che tengano, prima o poi la motivazione verrà a mancare perché il tuo Io interiore non è davvero interessato a perseguire un obiettivo che non lo farà stare bene ma che, al contrario, rischia di farlo star male. Supponiamo che tu e il tuo partner stiate preparando il matrimonio ma tu ti accorgi di non amarlo più. Se non hai il coraggio di dirglielo, di mandare tutto a monte, di fronteggiare parenti e amici e via dicendo, e continui con i preparativi cercando dentro di te la motivazione per andare avanti, è evidente come questa sarà sempre labile e, prima o poi, sparirà del tutto perché, in realtà, tu non ami più questa persona e non vuoi più sposarla.

2. Stila una lista. Il suggerimento è quello di non limitarti a una lista mentale ma di prendere carta e penna, o di usare un documento sul computer o sul telefono, per buttar giù una lista di obiettivi che vuoi raggiungere. Questi devono essere concreti e realisti. Se, per esempio, non ti sei mai allenato nella corsa, prefiggersi di vincere la prossima maratona di New York, che ci sarà fra un paio di mesi, non rientra fra gli scopi realisti. Cerca di essere il più chiaro possibile perché la motivazione si nutre di obiettivi ben definiti. Invece di scrivere "vorrei dimagrire" metti dei dettagli in più, ad esempio, "Vorrei perdere 2 kg in 6 mesi".

3. Scopri i "trucchi" che funzionano per te. Ognuno di noi ha i propri "trucchi" capaci di riaccendere la motivazione. C'è chi ha una certa abitudine la mattina, chi un portafortuna, chi ritrova la propria motivazione meditando, chi passeggiando, chi andando in palestra e chi parlando con una persona cara. Prova diverse cose e, quando troverai quella (o quelle) che ti sarà davvero utile, prendila come un'abitudine.

- Vivi allineato con i tuoi ideali e valori. Le persone motivate non solo sono consapevoli di chi sono ma sono anche in grado di vivere una vita allineata con i propri valori e ideali. Questo, a volte, significa andare contro tutto e tutti, ritrovandosi quindi da soli, magari in situazioni di difficoltà. Pensiamo alle persone che partono per fare un giro del mondo in solitaria. Quasi tutte hanno dovuto affrontare gli scoraggiamenti da parte di amici e famigliari, e anche di semplici conoscenti, ma la loro forte motivazione non li ha fatti desistere. Certo, partire completamente da soli, sapendo di non avere il benestare delle persone care, ritrovarsi ad affrontare piccoli e grandi contrattempi sapendo di poter contare solo su sé stessi non è la cosa più facile da fare e per questo tali persone devono essere in grado di rinnovare continuamente la propria motivazione. Quando non ci riescono, perché può succedere, possono sentirsi soli, demotivati, tristi, desiderosi di tornare a casa ma poi, generalmente, accendono di nuovo il motore motivazionale e vanno avanti nel perseguimento del proprio obiettivo.

È CHIARO CHE, per vivere in maniera allineata ai tuoi ideali e valori, devi prima sapere quali sono questi ideali e valori. Tornando al discorso delle persone che vivono con il pilota automatico inserito, queste, nella maggior parte dei casi, sono completamente ignare dei propri ideali e valori, ammesso che li abbiano, e non fanno niente per cercare di conoscerli. La chiave, qui, è l'esplorazione di te stesso per diventare più consapevole di chi sei davvero. Noi tutti siamo, in gran parte, un prodotto della società e del contesto in cui viviamo e in cui siamo cresciuti. Al di sotto di tutta questa "sporcizia", che non sei davvero tu, c'è il tuo vero Io. Per scegliere di motivarti è necessario che tu intraprenda un viaggio dentro di te, che sarà tanto bello quanto complesso e, a tratti doloroso, ma è un viaggio necessario, quello che fa la differenza fra una persona motivata e una che, invece, si lascia semplicemente trascinare dagli eventi della vita. Ma come trovare i tuoi ideali e valori? Tanto per cominciare, definiamo cosa sono i valori e gli ideali. I primi sono quelle convinzioni, radicate nel nostro profondo, che ci spingono a reputare "giusta" o "sbagliata" una determinata situazione o persona, a definire ciò che ci piace e ciò che invece non sopportiamo e che, in linea di massima, sono una sorta di bussola interiore che ci guida verso una scelta piuttosto che un'altra. Gli ideali, invece, sono un'entità mentale e spirituale che si contrappone alla realtà esterna. Il nostro focus, adesso, sarà sui valori. Questi vengono appresi tramite l'educazione e le esperienze che viviamo ma, come abbiamo già visto, è possibile resettare i propri schemi mentali, se reputiamo che sia il caso di farlo, per scoprire ciò che davvero ci piace o non ci piace piuttosto che ciò che gli altri ci hanno inculcato. Questo processo richiede tanto tempo e un duro lavoro ma è necessario per arrivare a conoscere meglio te stesso, i tuoi ideali e i tuoi valori. Adesso ti suggeriamo un esercizio pratico per scoprire i tuoi valori. Recati in un posto in cui sai che non sarai disturbato, porta con te carta e penna e trascrivi la seguente lista di valori: aiutare, allegria, ambizione, amore, approvazione, autostima, avventura, calore, capacità, comodità, contribuire, coraggio, creatività, crescita, dignità, divertimento, fama, fare la differenza, fede, fedeltà, felicità, fiducia, generosità, gioia, gratitudine, impegno, importanza, integrità, intelligenza, investire, libertà, lealtà, migliorare, onestà, orgoglio, pace, passione, potere, realizzazione, rispetto, saggezza, salute, sicurezza, sincerità, spiritualità, successo, tenacia e vitalità.

Adesso fai 3 respiri profondi utilizzando il diaframma e tenendo gli occhi chiusi poi riaprili e leggi la lista dei valori. Quando sentirai qualcosa di affine percepirai una sensazione, come una vibrazione, dentro di te. Cerchia quel valore e continua fino a quando non ne avrai individuati 10. A questo punto, scegline solamente 3 con i quali senti una chiara, evidente sintonia. Quando trovi un tuo valore, questo risuona in maniera forte e chiara con il tuo spirito. Ed ecco che avrai trovato 3 dei tuoi valori.

· · ·

- Scegli gli obiettivi giusti. Questo consiglio potrebbe
  sembrare scontato perché chi è che sceglierebbe degli
  obiettivi che non gli risuonano del tutto? Ma capita a molti,
  nel corso della vita, di dover lavorare duramente per
  raggiungere un obiettivo che, in fondo, non sente
  totalmente suo. Pensiamo allo studente che viene convinto
  dal genitore a iscriversi a una facoltà universitaria piuttosto
  che a un'altra, alla persona che non sa come lasciare il
  partner o come allontanarsi dagli amici di sempre, con i
  quali sente di non avere più niente in comune. Ecco che lo
  studente ha tutta una serie di obiettivi – passare gli esami
  con ottimi voti, mostrare entusiasmo con i genitori quando
  parla della facoltà, laurearsi nei tempi richiesti – che non
  sono veramente suoi e per i quali non riesce a trovare la
  giusta motivazione. La persona che non ha il coraggio di
  lasciare il proprio partner può avere degli obiettivi come
  l'organizzare le nozze o le vacanze in coppia e il semplice
  dover convivere con un individuo per il quale non prova
  più amore. Anche in questo caso, è facile capire come la
  motivazione sia, nel migliore dei casi, vacillante. Chi passa
  del tempo con la comitiva di sempre, senza più avere
  niente in comune con quelle persone, avrà degli obiettivi
  come organizzare delle esperienze da vivere tutti insieme,
  che al 90% non lo stimolano e non lo fanno sentire bene, o
  il semplice dover sopportare la loro presenza. Ecco perché
  è importante scegliere con cura gli obiettivi per i quali
  vorrai darti daffare. Altrimenti, non importa quanto
  l'obiettivo sembra facile da raggiungere, sarà difficile
  mantenere o rinnovare la tua motivazione.

- Esci dalla catalessi. Ci sono persone che vivono in un costante stato di catalessi e altre che vi finiscono solo in determinate circostanze quando, per esempio, affrontano un momento difficile. Capita a tutti, quindi, di avere quelle giornate in cui si ha voglia solo di stare sul divano, di rimanere a letto, di non fare niente che non sia scrollare i social, ma a quel punto è fondamentale darsi una mossa per uscire da quella situazione di stallo. Sta a te prendere la decisione di fare qualcosa, di passare all'azione, a prescindere dallo stato d'animo. Se agire ed essere motivati è estremamente facile quando tutto va bene, ci sentiamo amati, supportati, forti delle nostre competenze e abbiamo un'alta autostima, fare lo stesso quando ci siamo tristi, soli, incompresi, abbandonati o feriti non è altrettanto semplice. Non aspettare, però, che sia la motivazione a farti agire ma agisci, in faccia a tutto quello che è successo e sta succedendo, e la motivazione arriverà come conseguenza.

COME MOTIVARE *gli altri*

Un vero leader è capace di motivare gli altri e anche sé stesso. Abbiamo visto come motivare i propri collaboratori e seguaci sia molto più fine e complesso dell'urlargli contro, dell'imporre il proprio volere, del minacciarli e aggredirli per obbligarli a fare o dire quello che vogliamo. Queste non sono caratteristiche di un leader ma di un capo. Un leader deve motivare i membri del suo team su base regolare e, per farlo, deve conoscere i punti cardine di questo meccanismo. Non c'è una situazione uguale all'altra perché ogni persona è unica e così ogni team e ogni situazione sono differenti. Detto questo, ci sono delle leve comuni da smuovere per motivare le persone che lavorano per te o che, comunque, sono "sotto di te". Un gruppo in cui tutti i membri si sentono valorizzati, compresi, liberi di essere sé stessi e di sbagliare, incoraggiati e premiati quando è il caso, è un gruppo che lavora più volentieri e in maniera migliore per il raggiungimento dell'obiettivo comune. Questo gruppo può essere composto dai tuoi collaboratori o dipendenti in azienda, dai ragazzini che alleni a calcio, dai tuoi amici o famigliari... La parola chiave, in questo caso, è empatia. Essa da sola, però, di solito non basta a motivare gli altri. Andiamo a conoscere le 6 leve più diffuse per trasformare i tuoi collaboratori e seguaci in un team affiatato, capace e motivato.

1. Crea un ambiente piacevole. Forse è capitato anche a te di lavorare in un'azienda in cui, dal momento in cui vi entravi al mattino fino a quello in cui ne uscivi la sera, respiravi sempre un'aria pesante o di far parte di un gruppo di persone che t'impedivano di essere te stesso, ti deridevano se sbagliavi e smontavano se facevi bene. Il primo passo, dunque, è creare una realtà lavorativa (o di qualsiasi altro tipo) in cui tutti i membri del gruppo possano sentirsi al sicuro e stimolati. Tenendo l'azienda come esempio, assicurati che i macchinari funzionino sempre bene, che la pulizia sia ottimale, di non fare favoritismi, di premiare chi se lo merita, di buttar via ciò che non serve più... tutto ciò non richiede per forza un grande dispendio di soldi. Puoi cominciare dagli aspetti più economici, o addirittura da quelli gratuiti, ma è fondamentale creare un luogo di lavoro o ricreazionale che contribuisca a far star bene chi lo frequenta.

2. Sii rispettoso, solidale e onesto. Abbiamo visto come un vero leader sia caratterizzato da tratti della personalità estremamente positivi e come sia possibile per chiunque lavorare su di essi ai fini di migliorare, se ce n'è la necessità. Essere un leader rispettoso, solidale e onesto farà sì che il tuo team lavori, giochi o semplicemente passi del tempo insieme in maniera piacevole e produttiva. Evita assolutamente i favoritismi, premia chi lo merita e punisci chi ha sbagliato. Questo porta alla leva successiva...

3. Premia chi lo merita. I veri leader non temono le altre persone con spiccate competenze bensì vogliono lavorare al loro fianco e possono delegare loro degli impegni e dei compiti. Se nel tuo team ci sono delle persone che si distinguono dagli altri, non aver paura che ti portino via il ruolo, non fare il possibile per metterle in un angolino o per farle sfigurare ma, al contrario, premia le loro capacità e i risultati che hanno raggiunto. Per tutti gli altri, puoi pensare a degli incentivi o a dei premi a cadenza regolare che possono motivarli a lavorare o giocare al meglio.

4. Permetti agli altri di crescere. Che si tratti dei tuoi dipendenti, dei membri della squadra che alleni, degli amici o famigliari, concedi agli altri lo spazio per crescere all'interno di quel determinato ambiente. La possibilità di raggiungere un livello più alto e i benefici che questo porta con sé è una motivazione sufficiente a spingere tante persone a fare del loro meglio.

5. Condividi i feedback positivi. Se qualcuno del tuo team ha portato a casa un risultato soddisfacente, ha saputo reagire ottimamente durante un momento di difficoltà, ha avuto una buona idea e via dicendo non accogliere il tutto con indifferenza, come se fosse la normalità (anche se, magari, queste persone hanno comportamenti del genere su base regolare) ma condividi con loro l'apprezzamento per ciò che hanno fatto, magari anche davanti agli altri. In questo caso, lo scopo non dev'essere far sentire chi non ha ancora avuto una brillante intuizione come un fallimento, ma motivarlo con l'esempio, e i benefici ottenuti (fossero anche "solo" le tue congratulazioni in pubblico), di chi ha lavorato duramente.

6. L'ultima leva è allineata alla precedente perché è logico che, se una persona si sente apprezzata, lavorerà più volentieri e in maniera migliore. Quindi, apprezza le persone che sono "sotto di te". Cerca di metterti nei loro panni e pensa a quando tu hai lavorato per qualcuno.

Come venivi trattato? Come ti faceva sentire quell'atteggiamento? Che cosa avresti cambiato e cosa ti avrebbe aiutato a lavorare in maniera migliore? Ricorda che il tuo scopo di leader non è prevalere sugli altri bensì guidare il team verso il raggiungimento di un obiettivo comune.

Perché motivare te stesso è fondamentale per motivare gli altri

Se finora non sei riuscito a motivare gli altri il motivo è molto semplice: non trasmetti motivazione. Una persona che non è capace di motivare sé stessa, difficilmente riuscirà a farlo con gli altri. Se molte persone usano la motivazione positiva, ovvero la spinta per ottenere qualcosa di positivo che desiderano, ci sono anche i sostenitori della "motivazione negativa" ovvero quella che ti spinge a darti daffare per evitare un evento negativo come un licenziamento, un divorzio, il dover passare troppo tempo da solo, il non poter fare il viaggio dei tuoi sogni...

Motivarsi e motivare gli altri è estremamente importante perché fa la differenza fra gli individui che vivono con il pilota automatico inserito e quindi si fanno trascinare dagli eventi della vita e manovrare dagli altri e quelli che, invece, tengono le redini della propria esistenza fra le mani. La motivazione è spesso considerata fondamentale per raggiungere il successo in qualsiasi accezione, da quello nei rapporti interpersonali a quello in ambito lavorativo. Alcuni esperti suggeriscono di far leva su ciò che fa piacere all'altro ai fini di motivarlo. Se dobbiamo motivare un ragazzo a studiare, per esempio, è importante fargli provare interesse per la materia o aiutarlo a capire come mai ciò che sta imparando oggi potrebbe essergli utile domani. Lo stesso vale per noi, quando proviamo piacere nel fare qualcosa, ci sentiamo automaticamente più motivati. Se il tuo sogno è andare alle Olimpiadi, è naturale che durante gli allenamenti e le gare dello sport che pratichi sarai motivato al massimo perché già questi eventi ti procurano piacere e il solo pensiero di arrivare, un giorno, alle Olimpiadi, ti fa sentire ancora meglio.

La motivazione, quindi, è qualcosa su cui tu, come chiunque altro, puoi lavorare. Tieni a mente che è qualcosa che non si può proprio accantonare, perché rientra fra le basi del tuo successo e del tuo valore come leader.

7

GLI STILI DI LEADERSHIP: SCEGLI IL TUO!

Ognuno di noi è unico e quindi, potenzialmente, esistono tanti stili di leadership quanti leader ci sono. È normale, pertanto, prendere in considerazione la tua personalità e le tue esperienze quando parliamo del tuo specifico modo di guidare e motivare le altre persone. Pensiamo al figlio che prende le redini dell'azienda fondata dal padre ormai anziano. Molti si aspettano che le cose non cambieranno, perché il giovane è comunque figlio del precedente leader, ma egli è una persona a sé stante dal padre e potrebbe essere molto diversa da lui. Il suo stile di leadership, dunque, potrebbe differire anche di molto da quello del padre, ed è giusto così.

Possiamo dire, quindi, che non c'è una sorta di ricetta universale che funziona per tutti i leader. È importante, per massimizzare il tuo potere come leader, che tu trovi i tuoi ingredienti personali e li usi per creare quella miscela di qualità e caratteristiche che fa di te ciò che sei. In questo capitolo andremo a fare proprio questo, partendo dagli 11 stili di leadership più diffusi andremo a vedere come puoi fare per individuare e mettere in pratica quello più affine a te.

Gli 11 stili di leadership più diffusi

- Leadership autoritaria (autocratica). Se sei un leader che comanda sui propri collaboratori o colleghi, ecco che sei un leader autoritario. Questo tipo di leadership si basa su una distanza persistente fra il leader e il resto del gruppo. Egli, per esempio, non parteciperà a feste ed eventi al di fuori dell'ambito lavorativo e, sebbene possa fare critiche o complimenti, non si lascerà mai coinvolgere più di tanto. È come se ci fosse una linea netta che separa questo tipo di leader dai suoi collaboratori e seguaci che possono anche vederlo come una sorta di figura un po' astratta, circondata da un'aura di mistero. Il leader autocratico, però, solitamente non è ostile, anzi, è amichevole e al massimo impersonale. Egli mette il proprio apprendimento davanti a quello degli altri e, in caso di diverbi, non mette in dubbio il proprio punto di vista ma continua a pensare che sia quello corretto. Nel caso della gestione di progetti affidata a questa tipologia di leader, vedremo una tendenza da parte sua a ignorare tutti coloro che la pensano in maniera diversa da lui, o che vorrebbero agire in modi differenti da quelli da lui proposti. Fra i vantaggi del leader autocratico ci sono la capacità di portare a termine il lavoro in tempi brevi, di prendere decisioni in poco tempo e di guidare il team al successo, quando il leader autoritario è anche il membro del gruppo più informato. In conclusione, quindi, possiamo dire che questo tipo di leader è amichevole, in grado d'individuare i membri del team che sbagliano e quelli che fanno bene o addirittura eccellono le aspettative, e comportarsi di conseguenza, ma per via della distanza che mette fra sé e gli altri spesso non riesce a essere percepito dai seguaci o collaboratori come uno di loro.
- Leadership partecipativa (democratica). Come s'intuisce dal nome di questa tipologia di leadership, in questo caso

il leader coinvolge i membri del suo team, ascolta le loro proposte, idee, i piani e le azioni che questi vorrebbero portare avanti. Il leader partecipativo fa chiaramente parte del team e investe nelle altre persone perché sa che, alla base del successo, c'è un team felice, preparato, motivato e affiatato. Se ti riconosci in uno stile di leadership a stampo collaborativo, ecco che questo potrebbe essere lo stile più giusto per te. La leadership partecipativa ha diversi vantaggi come la dedizione e il tempo che il leader dedica agli altri membri del gruppo, sempre spinto dalla convinzione che, prendendosi cura degli altri e aiutandoli a dare il meglio di sé, egli ne trarrà dei benefici maggiori, la sua capacità di ascoltare le opinioni di tutti i membri del team in caso di difficoltà o divergenze, la sua propensione a far lavorare diverse persone a un singolo progetto, convinto che quella sia la strada migliore per ottenere un ottimo risultato e, infine, la capacità di accettare il punto di vista delle persone che la pensano diversamente da lui e che potrà portare a un miglior lavoro. Gli svantaggi, invece, includono una minore capacità, rispetto al leader autoritario, di ottenere ottimi risultati e il rischio che si corre se anche solo uno dei membri del gruppo non è pienamente convinto di qualcosa. Secondo lo studio di Lewin, che ha individuato i diversi modelli di leadership, questo è il migliore.

- Leadership delegativa (laissez-faire). In questo caso il leader affida il clou del lavoro al gruppo, spesso dando loro pochissime dritte su come fare a raggiungere l'obiettivo finale. Egli si distanzia dal team mentre i membri lavorano ed è anche possibile che non vada mai a sentire come procedono le cose, se gli altri hanno bisogno del suo aiuto e via dicendo tanto che, spesso, gli altri membri del team non vedono il leader sino alla fine del lavoro. Possiamo dire, quindi, che in questo caso i membri del team sono liberi di procedere come meglio credono ma questo non deve minare l'eccellenza finale del progetto. Il leader delegativo, infatti, si aspetta il massimo dai suoi collaboratori o seguaci. È logico che, per ottenere gli alti livelli che egli si aspetta, dev'essere stato in grado di assemblare un team composto da individui validi e competenti, nonché di motivarlo riconoscendo a ognuno il giusto valore. Di solito, infatti, il leader delegativo ama distribuire risorse al suo team, proprio perché poi si aspetta che gli altri siano in grado di usare o rielaborare tali risorse in sua assenza, ai fini di produrre un lavoro ottimale. Questo tipo di leadership è molto valido ma solo nel caso in cui, come accennato, tutti i membri del team siano eccellenti sotto ogni aspetto. Un team composto da persone poco competenti, demotivate, che magari hanno paura del leader, sicuramente non sarà in grado di portare a casa degli ottimi risultati senza la presenza di una guida più esperta. Sì, quindi, a un team composto da persone che sono in grado di lavorare con gli altri ma che non hanno paura di farlo anche in autonomia. In questo tipo di leadership, inoltre, è importante che il team e il leader siano sulla stessa lunghezza d'onda. Lo studio di Lewin, tuttavia, rivela che questo tipo di leadership è quello meno produttivo per la poca chiarezza data da un leader spesso assente. Le responsabilità, infatti, generalmente non sono sufficientemente chiare. Non è raro, poi, che i membri del team si accusino gli uni con gli altri se, per esempio, il risultato finale non dovesse soddisfare il leader, e si venga a creare, quindi, una situazione nebulosa in cui è difficile capire chi è il vero "colpevole".

- Leadership visionaria. I leader visionari si muovono forti di una visione chiara, a lungo termine, capace di far smuovere anche altre persone. Questo è un tipo di leadership perfetto per quei periodi di grandi cambiamenti, che siano all'interno di un'azienda, per vincere un campionato, nella cerchia di amici o in famiglia.

Quando c'è necessità di avere una direzione chiara, la leadership visionaria è quella vincente. La situazione è caotica o comunque poco chiara ed ecco che le persone hanno bisogno di un leader che sia in grado non solo di far chiarezza in quella confusione ma anche di guidare tutti verso la soluzione senza perdite di tempo e senza andare a caso ma seguendo un percorso ben strutturato. Se gli altri membri della squadra sono esperti quanto il leader visionario, o addirittura di più, questo tipo di leadership si rivela spesso inefficace, specialmente quando gli altri hanno idee, progetti oppure opinioni che si discostano da quelle del leader. Queste figure non necessitano di qualcuno che li guidi fuori da quella zona ignota e confusionaria, ma potrebbero essere, e forse sono, leader a loro volta. Un leader visionario non si lascia scoraggiare dai piccoli contrattempi, da divergenze di poco conto e da tutto quello che, in realtà, non ha importanza perché egli tiene sempre a mente l'obiettivo finale da raggiungere. Anche quando succede qualcosa d'imprevedibile, come può essere stato lo scoppio della pandemia da Covid-19, il leader visionario è capace di metter su un "piano di emergenza" chiaro e ben organizzato. Gli aspetti negativi di questo tipo di leadership includono il rischio, se la visione è estremamente allineata con la personalità del leader piuttosto che con un qualcosa che l'intero team condivide, di perdere la vision lungo la strada o quello di avere un team che, senza una chiara visione a breve termine, può sentirsi un po' perso. Il leader visionario, inoltre, tende a rifiutare le idee degli altri membri del gruppo, se sono in opposizione alle sue.

- Leadership da coach. Ricordi quando abbiamo parlato dei punti di forza e delle debolezze che ognuno di noi ha? Bene, il leader da coach è quello in grado d'individuare sia i pregi sia i difetti di tutti i membri del gruppo e di collegarli agli obiettivi dell'azienda, della squadra o della cerchia di amici e parenti. Un leader da coach è creativo ed è anche in grado di capire quando deve mettersi da parte per permettere all'altro di portare avanti il progetto autonomamente. Questo stile di leadership generalmente crea un ambiente stimolante, in cui tutti i membri del team lavorano o comunque interagiscono con piacere e motivazione. Le aspettative del leader da coach, poi, sono estremamente chiare e questo facilita il lavoro degli altri membri del team perché essi sanno esattamente che cosa si aspetta il leader da loro e così s'impegnano per raggiungere quegli obiettivi. Ogni individuo di un team guidato da un leader da coach è qualificato e disponibile a migliorare non solo sé stesso ma anche agli altri. Questo fa sì che le aziende, ma anche i gruppi sportivi e le semplici cerchie di amici o parenti, siano molto avanti rispetto ai concorrenti a livello competitivo. Costruire e soprattutto far bene questo tipo di leadership, tuttavia, richiede molto tempo e altrettanta pazienza. Un leader che vuole "tutto e subito", specialmente se non possiede le caratteristiche naturali a rendere la leadership da coach un successo, può preferire un altro tipo di leadership, che può dare un effetto più immediato. Nei casi in cui il leader da coach non sa fare bene il suo lavoro si corre il rischio di ritrovarsi in un contesto di micromanaging. Un altro punto importante delle leadership da coach è la necessità che gli altri membri del team vogliano aderire a tale modello di leadership. Un team poco affiatato andrà poco lontano perché il leader da coach si basa sulle relazioni, che possono non risultare particolarmente semplici in gruppi che non sono stati preparati al meglio.

- Leadership affiliativa. Questo tipo di leadership mette le relazioni al centro con lo scopo di creare armonia all'interno del team. In questo caso il leader è carismatico e sa che costruire e mantenere delle buone relazioni all'interno del gruppo richiede tempo e dedizione. Qui la linea fra l'essere un leader e il venire percepito come un amico è davvero sottile e l'errore più comune dei leader che scelgono questo tipo di leadership è proprio quello di fare troppo "l'amicone", mettendo, più o meno inconsciamente, in secondo piano gli obiettivi da raggiungere e la produttività del team stesso. Fra gli aspetti positivi di tale tipo di leadership c'è sicuramente la capacità del leader di tenere alto il morale della squadra per via di feedback positivi e costruttivi, di saper bloccare eventuali conflitti sul nascere, di dare valore e importanza a ogni singolo membro del gruppo che, di conseguenza, si sente poco stressato e di creare un team unito, composto da individui che sono motivati a darsi una mano l'un l'altro. Gli aspetti negativi, invece, includono il rischio che, nel caso in cui uno o più membri del team inizino ad avere delle prestazioni al di sotto della media, nessuno ne prenda nota perché la mancanza di una chiara definizione nei ruoli può portare, appunto, a una sorta di pigrizia sociale. Un leader affiliativo, inoltre, ha grandi difficoltà nel dare feedback negativi ai membri del suo team, se non li reputa costruttivi, nonché a perdere spesso di vista gli obiettivi comuni. In questo scenario, i membri del gruppo dipendono emotivamente dal leader e, nel caso in cui questo debba lasciare il posto per essere sostituito da un altro individuo, ecco che ci sono reali probabilità che l'intero team vada nel panico e che, sotto la guida di un'altra persona, anche se questa dovesse optare a sua volta per la leadership affiliativa, non sia in grado di performare al suo meglio.

- Leadership democratica. In questo modello di leadership ogni membro del team è parte attiva della squadra e, pertanto, può esprimere la propria opinione, condividere un'idea o un piano d'azione. Il team si sente costantemente incoraggiato perché ogni individuo sa di avere la possibilità di esprimere il proprio potenziale, anche se poi la parola finale spetta sempre al leader. Nel caso in cui il gruppo sia composto da persone competenti e altamente qualificate, questo tipo di leadership risulta spesso vincente ma, nel caso opposto, in cui i membri del team sono principalmente o esclusivamente novellini o comunque persone con scarsa conoscenza dell'argomento, può rivelarsi poco produttiva. Il leader democratico ottiene facilmente la fiducia dei suoi collaboratori o seguaci proprio perché questi hanno la percezione, che può essere reale o meno, che il leader abbia a cuore le loro proposte e opinioni. Per questo motivo, anche i livelli di partecipazione dei membri del team sono generalmente alti. Una squadra che collabora è ricca di creatività e d'innovazione e, poiché tutti i membri sono legati da obiettivi comuni, i livelli di produttività sono altissimi. Per creare questo tipo di leadership, però, c'è bisogno di tempo e infatti generalmente se ne sconsiglia l'utilizzo nelle situazioni che richiedono decisioni immediate. Nei casi in cui un leader democratico prende una decisione senza consultare i membri del suo team, qualunque sia la ragione, questi possono perdere la fiducia nei suoi confronti perché si sono sempre sentiti parte di una squadra e non solo autorizzati, ma incoraggiati a esserne parte attiva invece che a limitarsi a dover accettare le scelte fatte dal leader.

- Leadership battistrada. Questo tipo di leadership è perfetto per ottenere alti livelli di qualità e produttività nonché ottime prestazioni. In questo caso, i membri della squadra devono tenere il passo del leader e, nel caso in cui falliscano, sarà il leader stesso a concludere l'incarico al posto loro. I requisiti devono essere chiari e il gruppo motivato affinché possa rispettare le scadenze e, in generale, quanto viene richiesto loro. Nel caso in cui i membri della squadra perdano fiducia nei confronti del leader o sentono che la motivazione è scemata o, ancora, si sentono sopraffatti dalla mole di lavoro, gli ottimi risultati che questo tipo di leadership può dare rischiano di svanire nel niente. La principale caratteristica del leader battistrada è quella di riuscire a raggiungere l'obiettivo prefissato entro le tempistiche richieste. Per questo è importante che i membri del suo team marcino al suo stesso ritmo e che, nel caso in cui questi rimangano indietro, sia proprio il leader a subentrare e prendere in mano la situazione. Questo ritmo, che in molte realtà è davvero incalzante, può portare i membri del gruppo a sentirsi eccessivamente stressati, sotto pressione, con il morale sotto i piedi e con un livello di motivazione oscillante, ma spesso molto scarso. Il leader battistrada tiene spesso d'occhio i membri del suo team ed è sempre pronto a dire la sua o a correggere ogni piccolo errore con il risultato che ben pochi membri del gruppo provano fiducia nei suoi confronti. Abbiamo visto, invece, come un leader debba avere la fiducia dei propri seguaci o collaboratori. Tutta questa enfasi sempre puntata sulle date di scadenza o sugli obiettivi da raggiungere, infine, impedisce il pieno fluire della creatività.

- Leadership esigente. In questo stile di leadership, il leader ha degli obiettivi chiari e ben precisi ed è in grado di comunicare con gli altri. Egli si aspetta che i suoi collaboratori lo seguano e organizza la struttura del team tramite disposizioni e indicazioni. La leadership esigente è consigliata nei casi in cui i membri della squadra non siano particolarmente competenti, come nel caso dei novellini dalle scarse o nulle capacità. In questo caso, dunque, è importante dar loro una struttura ben organizzata che li aiuti a svolgere il lavoro al meglio e a sapere che cosa aspettarsi. Un altro scenario in cui è bene usare la leadership esigente sono le situazioni di emergenza, quelle che richiedono di prendere delle decisioni o compiere delle scelte in fretta, senza disporre del tempo necessario per valutarne i pro e i contro e per riflettere con calma. Il consiglio, comunque, è di usare questo stile di leadership mescolandolo a uno degli altri o di limitarsi a farne uso solamente se ci si ritrova in una delle situazioni di cui sopra, altrimenti, in altri contesti, rischia di rivelarsi poco efficace. Fra i suoi punti di forza ci sono la possibilità, per il leader, di tenere sotto controllo i collaboratori e di accorgersi subito di quelli che non ce la fanno a mantenere il ritmo, agendo di conseguenza, oppure il fatto che le prestazioni lavorative dei membri del team possono essere di un buon livello perché definite da delle aspettative chiare. Fra gli svantaggi, invece, troviamo i problemi che possono venirsi a creare nel caso in cui il leader non sia l'individuo più esperto del gruppo, il fatto che i collaboratori o seguaci dipendono molto dal leader e, se questo dovesse per esempio assentarsi, si corre il rischio che gli altri non sappiano che cosa fare senza di lui, e che i risultati calino drasticamente o, ancora, che il leader esigente diventi presto un leader autoritario.

- Leadership trasformazionale. Questo tipo di leadership (insieme a quello transazionale, che vedremo nel punto successivo) è stato documentato dallo psicologo Bernard M. Bass, il cui focus di studi era nel comportamento e nei tipi di leadership organizzativi. Fra le due teorie sopra citate di Bass, quella più nota è proprio quella della leadership trasformazionale, spesso chiamata anche la "teoria delle quattro I". Essa si fonda sul concetto espresso da James MacGregor Burns nel 1978 che verte sul livello di collaborazione che è necessario che ci sia fra un leader e i suoi collaboratori ai fini di raggiungere un alto livello di motivazione e di morale. I leader trasformativi, dunque, sono in grado di ottenere il rispetto e la fiducia delle altre persone, che solitamente finiscono per diventare loro seguaci. È importante ricordare che il rispetto e la fiducia non sono qualcosa che devi pretendere o aspettarti che ti

venga servito su un vassoio d'argento perché sei un leader.
Al contrario, devi darti daffare per arrivare a far sì che i
tuoi collaboratori e seguaci, o aspiranti tali, provino
rispetto e fiducia nei tuoi confronti in una maniera
genuina, che giocherà a tuo favore.

Abbiamo accennato a come la leadership trasformazionale sia chiamata anche "teoria delle quattro I", queste sono: considerazione individualista, stimolazione intellettuale, motivazione ispirazionale e influenza idealizzata. Questi punti vengono usati come parametri per valutare quanto il leader può essere reputato trasformazionale.

Questo tipo di leadership è perfetto per motivare la squadra, e non è raro che il leader trasformazionale usi delle tecniche di coaching per ottenere quest'obiettivo. Uno dei punti di forza del leader trasformazionale è la capacità di valorizzare l'unicità di ogni membro della squadra, così da poterne sfruttare al meglio i talenti e le competenze. I membri del team, dunque, hanno libertà individuali ma sono, allo stesso tempo, uniti da una causa comune che fa sì che l'intero gruppo cresca. Anche la leadership trasformazionale, come ogni stile visto finora, ha degli aspetti negativi. Nel caso in cui gli obiettivi del leader non siano allineati a quelli dell'azienda, della squadra sportiva o della cerchia di amici e parenti, per esempio, si corre il rischio di non raggiungere gli scopi prefissati. I membri del team, inoltre, devono essere tutti d'accordo con l'approccio scelto dal leader e devono rispettarlo. In questo scenario, infine, non è raro che si perdano di vista le attività minori, con il rischio di avere difficoltà nel realizzare la vision.

- Leadership transazionale. Anch'essa, come abbiamo accennato, è frutto degli studi di Bernard M. Bass, nonostante tale concetto sia stato espresso per la prima volta da Max Weber, sociologo. È stato Bass, tuttavia, a sviluppare la leadership transazionale come l'opposto di quella trasformazionale. Essa si basa su un sistema di punizioni e ricompense volto a motivare i seguaci o collaboratori del leader. Il leader transazionale, quindi, è convinto che avere una catena di comando chiara e ben definita porterà il team a ottenere risultati migliori. I collaboratori o seguaci, dunque, ricevono delle chiare istruzioni che devono seguire e sono tenuti costantemente sotto controllo. È facile capire come questo stile di leadership, tuttavia, possa reprimere la creatività dei membri del team e come questi possano non sentirsi valorizzati perché il leader non premia la loro unicità. I bisogni emotivi dei membri della squadra, poi, sono messi in secondo piano e, generalmente, non vengono neanche presi in considerazione e questo può avere delle conseguenze facilmente immaginabili. La leadership transazionale, naturalmente, ha anche dei punti di forza. Essa è utile nei contesti in cui il problema da affrontare è definito, le persone che fanno parte della squadra hanno ben chiaro che cosa devono fare e ciò che il leader si aspetta da loro e questo si rivela un aspetto positivo quando è necessario affrontare una crisi, perché ogni persona ha il proprio ruolo.

Come trovare il tuo stile di leadership

Quelli che abbiamo appena visto sono i principali stili di leadership in uso nelle aziende di vario tipo e dimensione ma anche, come accennato, nelle squadre sportive e pressoché in qualunque altro contesto che includa la presenza di un leader e quella dei suoi collaboratori/seguaci. Se finora hai sempre pensato che tutti i leader agissero nello stesso modo, quasi ci fosse una sorta di manuale con le istruzioni su come motivare e guidare gli altri, adesso sai che, in realtà, esistono diverse tipologie di leadership, ognuna con i propri pro e contro, e puoi sentirti libero di scegliere quella che più si addice alla tua personalità, alla tua situazione e ai tuoi obiettivi.

La prima cosa da fare è partire dalla tua personalità. Se non sapresti descriverla, puoi prenderti del tempo per te e cominciare a guardarti dentro, oppure puoi chiedere consiglio alle persone importanti della tua vita, quelle che vogliono il tuo bene. Sei una persona che tende a comandare su tutti? Ti piace valorizzare l'individualità altrui? Sei sempre un "amicone"? Sei una persona molto confusa o, al contrario, ogni obiettivo che vuoi raggiungere è ben chiaro nella tua mente? Inizia ad analizzare la tua personalità perché essa è molto importante ai fini di determinare quale stile di leadership ti si addice di più. Ricorda, poi, che puoi mescolare le caratteristiche di due o più tipologie di leadership per trovare uno stile personale, che si addica totalmente a te e che sia unico (in fondo, noi tutti siamo unici e irripetibili) che cerchi di puntare sui vantaggi e di eliminare, diminuire o lavorare sugli svantaggi.

Consigli pratici per trovare il tuo stile di leadership

- Sii te stesso. Questo consiglio è stato dispensato varie volte nel corso del libro ma il fatto è che si tratta di uno dei tasselli più importanti. Sapere chi sei veramente è fondamentale per la tua serenità e il tuo successo sia nella vita in generale sia, in particolare, nell'ambito della leadership. Se non conosci il tuo vero Io, infatti, rischi di farti trascinare dalle situazioni o dagli altri, di emulare altre persone, di arrivare a essere qualcuno che non sei, con il risultato che lo stile di leadership che hai scelto, in realtà, non ti risuona e non si addice alla tua vera personalità. Nel corso di questo libro abbiamo illustrato vari esercizi per cominciare a conoscerti. È importante che tu ti prenda del tempo per farlo. Nella società occidentale le persone che hanno intrapreso un percorso che porta alla conoscenza di sé e alla crescita personale sono ancora poche, ma questo non deve farti desistere. Si tratta del primo, fondamentale tassello sul quale potrai costruire tutto il tuo stile di leadership.

- Sii giusto. Un vero leader è quello che premia e punisce tutti allo stesso modo. Non importa se un membro del team è il migliore amico di tuo fratello, se un altro ti sta antipatico a pelle e un altro ancora, invece, ti sta molto simpatico. Essere obiettivo è fondamentale per evitare gelosie all'interno del team ma anche per essere stimato, rispettato e preso sul serio. Quando devi dire "no", cerca sempre di dare delle motivazioni per quella tua scelta. Se, per esempio, un collaboratore ti propone una sua idea, e la tua risposta è un secco "no", è logico che lui ci rimarrà male, probabilmente penserà cose poco carine sul tuo conto e questo suo stato d'animo non gioverà neanche al resto del team. Spiega che cosa ti ha spinto a dirgli di "no".

- Non procedere a caso. Abbiamo visto come una delle caratteristiche principali di un vero leader sia la capacità di avere ben chiaro l'obiettivo da raggiungere, nonché il percorso da fare per arrivare fin lì. Se sei una persona che tende a procedere a tentoni e ad avanzare a caso, se sai di "voler incassare di più con l'azienda" oppure di "voler vincere qualche partita con la squadra", senza riuscire a essere più preciso al riguardo, tutto ciò rischia di farti mancare l'obiettivo finale ma anche di far sì che i membri del tuo team non abbiano molta fiducia in te e non riescano a rispettarti veramente. Gli esempi di cui sopra, infatti, sono molto generici e non sufficientemente chiari perché tu possa disporre di un percorso, fatto di un passaggio dopo l'altro, che guiderà te e il tuo team proprio dove desiderate. Un vero leader tiene lo sguardo sempre puntato sul risultato finale e, per questo, è in grado di guidare il suo team anche durante i momenti di difficoltà.

- Sì all'autorevolezza. Essere autorevole non significa essere autoritario. L'autorevolezza fa sì che i membri del tuo team si fidino di te e provino rispetto nei tuoi confronti per via di quello che sei. Se vuoi essere un leader, devi saperne di più di loro. Questo significa che non devi mai sederti sugli allori. Riposarsi e tirare il fiato per un po' va più che bene, specialmente dopo aver raggiunto un importante obiettivo o dopo aver lavorato molto, ma il leader che pensa di essere arrivato e di non avere più niente da imparare, in realtà non è un vero leader. Nel momento in cui smetterai di formarti e di crescere (in ogni accezione di questo termine) comincerai a correre il rischio che la tua leadership perda valore.

- Punta sull'affettività. L'empatia, lo abbiamo già visto, è uno dei tratti fondamentali di un vero leader. Se al momento non senti di essere particolarmente empatico ricorda che, se è vero che alcune persone hanno questo tratto spiccato già al momento della nascita, ognuno di noi può migliorare. Dedica del tempo agli altri e concentrati su di loro, senza giudicarli. Comincia facendo dei piccoli cambiamenti nella tua quotidianità e inizia a rapportarti ai membri del tuo team in maniera diversa, mettendoli al centro e tenendo conto di ciò che provano.

- Impara a delegare. Un vero leader non può far tutto ed egli sa quando arriva il momento di delegare. Molte persone pensano che delegare significhi mostrare la propria debolezza o incapacità (altrimenti, perché non lo fai tu?) ma in realtà non è così. Ogni azione richiede energia da parte tua, pertanto è importante che tu ti dedichi solo a quelle fondamentali o più complesse o che abbiano una qualunque altra caratteristica da te scelta. Quando si tratta di attività minori, ad esempio, puoi delegarle a dei membri del tuo team. Affinché tu possa contare su degli individui a cui delegare dei compiti, devi averne almeno un paio, all'interno della tua squadra, che siano validi e preparati.

- Dedica del tempo allo sport. Cosa c'entra lo sport con la leadership? Forse ti sei appena fatto questa domanda. Lo sport, come ogni attività fisica, aiuta a rilassarsi, a sentirsi meglio e a diminuire ansia, malumore e stress. Dedica un po' del tuo tempo alla corsa o a qualunque altro sport ti appassioni. La soluzione ottimale sarebbe quella di praticare sport all'aria aperta, perché passare del tempo nella natura è un vero toccasana per lo spirito.

- Fai volontariato. Aiutare gli altri ti farà bene sotto molti punti di vista e, se stai cercando di diventare più empatico, questa è una delle strade migliori che puoi percorrere. Cerca di trovare un settore del mondo del sociale che t'interessa davvero. Non recarti a fare volontariato con lo stato d'animo sbagliato, ma scegli una causa che ti smuova genuinamente. Ciò che imparerai da quell'esperienza, specialmente se ripetuta diverse volte, ti sarà utile anche per il tuo ruolo di leader.

- Cerca collaboratori che sono migliori di te. Ecco che, a questa prospettiva, forse hai un po' di paura. Questo succede molto spesso, ed è normale, perché la società occidentale ci ha reso competitivi sin da bambini e quindi è normale che molti di noi, al pensiero di avere nella propria squadra delle persone che sono più capaci, o migliori di noi sotto un qualche aspetto, temono di vedersi soffiare il ruolo di leader o comunque di correre qualche rischio. Un vero leader, non ci stancheremo mai di scriverlo, è quello che è forte di sé, ha un'elevata autostima e pertanto non ha paura nel passare il tempo con delle persone che lo superano in qualcosa. Anzi, vede tutto ciò come un'opportunità per migliorarsi. Avere degli elementi che sono eccellenti, inoltre, può portare chiari benefici all'intero team.

- Sappi come affrontare i rischi. Un vero leader non è quello che si sente superiore agli altri, vuole comandarli e, al momento in cui il team si ritrova ad affrontare un problema, va nel pallone, agisce a caso e perde di vista il proprio obiettivo. Un vero leader ha sempre un piano B su cui ripiegare nel caso in cui le cose si mettano male con il piano originale.

- Mettiti da parte. Vari stili di leadership prevedono che il leader sia sempre lì con gli altri membri della squadra, a volte a tenerli costantemente sotto controllo. Questo sistema, però, rischia di essere svantaggioso perché mina la creatività e anche la libertà individuale dei collaboratori e pure perché, nel caso in cui tu dovessi assentarti, magari per molto tempo, corri il rischio che gli altri non sappiano che cosa fare senza la tua presenza. Renditi, dunque, inutile. Lavora per creare dei processi automatici, dedicati a ogni singolo membro del team per conoscere i suoi punti di forza e sfruttarli, affida dei compiti alla squadra e poi eclissati, affinché questa possa portarli a termine da sola (ricordati, però, di essere molto chiaro al riguardo così che i membri del team sappiano che cosa ti aspetti e quali obiettivi devono raggiungere).
- Sconnettiti dall'azienda (o squadra sportiva). Molti leader fanno il grave errore d'identificarsi con l'azienda, la squadra sportiva o qualunque cerchia di persone di cui sono le guide. Ecco che, se l'azienda fallisce, se la squadra sportiva non fa altro che perdere le partite e se le persone della cerchia decidono di non frequentarsi più, anche il leader si sente un fallimento. In realtà, non è così. Tu non sei l'azienda/la squadra sportiva/quella cerchia di persone e il tuo valore non è determinato esclusivamente dall'andamento di quanto sopra.
- Impara dai fallimenti. La società ci insegna, sin dall'infanzia, che fallire sia una delle cose peggiori che può accaderci ed ecco che siamo convinti che gli sbagli e i fallimenti non siano altro che la riprova della nostra incapacità. In realtà, non è così, e questo un vero leader lo sa e lo fa suo. Ogni fallimento è la possibilità d'imparare qualcosa di nuovo. La prossima volta in cui fallirai, per prima cosa, non identificarti totalmente con quel

fallimento ma cerca d'imparare da esso. Hai fatto tutto il possibile per evitare che le cose andassero a finire così? Se no, cos'avresti potuto fare di diverso? In tal caso, potrai usare queste lezioni per evitare di commettere lo stesso errore la prossima volta.

- Celebra i successi. Hai notato che la maggior parte delle persone rimugina sugli sbagli e sui fallimenti ma, nel caso di un successo, gli dedica un nanosecondo di attenzione e poi prosegue, magari per lavorare sul raggiungimento di un nuovo obiettivo? Se è vero che, raggiunto uno scopo bisogna rimetterci in moto per ottenere nuovi risultati, è anche vero che un leader degno di questo nome sa riconoscere e celebrare un successo. Il successo, generalmente, è dato dal frutto del lavoro di squadra e i membri del team saranno ben felici di celebrare gli ottimi risultati. Ciò li farà sentire valorizzati, apprezzati e motivati. Una volta raggiunto un obiettivo, quindi, dedica qualche ora a una festicciola informale in ufficio, dai a tutti il permesso di uscire un'ora prima, oppure organizza qualche altro modo per celebrare. L'importante è che tu non salti il successo a piè pari, perché ogni conquista, anche piccola, contribuisce a tenere alto il morale di tutti e fa sì che ogni membro del team lavori con sempre più energia e motivazione.

8

———

CONCLUSIONE

C'è un detto che recita:

> *"Tutti i problemi di leadership sono causati dal leader, e risolti dal leader"*

SE SEI un leader e vorresti migliorarti o aspiri a ricoprire questa posizione sappi che l'andamento della leadership e il suo successo dipendono da te, dalla persona che sei, dal lavoro che fai per diventare la versione migliore di te, dallo stile di leadership che scegli di adottare (puoi anche optare per un mix delle caratteristiche di più stili), dalle decisioni che prendi, dal rispetto che hai per le altre persone, dalla tua empatia e umanità, dalla tua capacità di delegare... Essere un bravo leader, dunque, non è così semplice come può sembrare. Se per diventarlo fosse sufficiente urlare contro le persone, spaventarle, ordinare loro cosa fare e quando farlo, le cose sarebbero sicuramente più semplici. Molti leader scelgono questo approccio che però fa sì che, in realtà, siano semplicemente dei capi e che spesso non ottengano i risultati desiderati.

In questo libro abbiamo visto tutta una serie di caratteristiche che appartengono ai veri leader, e come poterle ottenere. Chiunque, infatti, può diventare un ottimo leader. Spesso tendiamo a pensare che i leader degni di questo nome siano i grandi capi d'azienda, i politici o i personaggi del mondo dello spettacolo e che quindi, per essere un leader, sia necessario dirigere una multi-nazionale, operare nell'ambito politico oppure essere molto famosi, ma non è affatto così. Puoi diventare leader del gruppo di genitori della classe che frequenta tuo figlio, della tua piccola azienda a conduzione famigliare, della squadra di ragazzini che alleni per il campionato di basket provinciale e via dicendo... un grande leader può essere ovunque, anche nelle situazioni spesso considerate "piccole".

Gestire un qualsiasi tipo di gruppo e, soprattutto, trasformarlo in una squadra unita e motivata, che lavora per il raggiungimento di un obiettivo comune, condiviso con il leader, non è certamente facile. Se al momento non sei particolarmente soddisfatto della tua leadership perché l'azienda non sta ottenendo i risultati sperati, oppure lo stesso sta accadendo nel gruppo di genitori della classe di tuo figlio o fra i ragazzini che alleni a basket, se percepisci uno scontento generale fra i membri del tuo team, dentro di te sai che il problema sei proprio tu. Un vero leader non si tira indietro, non scarica la colpa sugli altri o su fattori esterni da sé ma cerca dentro di sé gli strumenti necessari per migliorare la situazione. Essere un leader, al contrario di quanto spesso si pensa, non significa stare seduto sulla poltrona migliore a dare ordini agli altri ma essere parte di un qualcosa, di un team affiatato che lavora verso il raggiungimento di uno scopo comune. Nonostante il leader spesso sia la persona più esperta del gruppo, questo non significa che egli si sente superiore agli altri. Un vero leader è sempre disponibile ad ascoltare le idee altrui, a premiare i successi dei membri del suo team, a valorizzarne l'individualità e a farsi affiancare da quegli elementi che eccellono in uno o più campi.

Alla tua crescita,

Roberto Morelli

LETTURE CONSIGLIATE

<u>Se non l'hai ancora fatto, scarica ora il libro gratuito "I 7 Segreti della Comunicazione Persuasiva".</u>

Una breve guida pratica, assolutamente gratuita, in grado di darti le conoscenze necessarie per migliorare le tue abilità comunicative, perfettamente complementare al libro che hai appena letto.

Puoi trovarla inquadrando il seguente codice QR con il tuo smartphone:

RIPROGRAMMAZIONE MENTALE: Tecniche di Psicologia del Successo per rimuovere i tuoi blocchi mentali, forgiare una mente di ferro e realizzare il tuo potenziale

Se in questo momento non sei pienamente soddisfatto della tua vita, non è che "l'universo ce l'abbia con te".

Molto probabilmente, hai solo un problema di ATTRAZIONE!

La verità è che le tue convinzioni e il tuo modo di pensare influenzano costantemente la tua realtà.

In effetti, tutti noi ci confrontiamo con convinzioni (spesso errate) che, nel tempo, si sono radicate nel nostro inconscio.

Il risultato è che nella tua vita attiri ciò in cui credi (e non ciò che vuoi).

Se, ad esempio, il tuo desiderio è quello di sposarti e creare una famiglia, ma inconsciamente credi che le relazioni siano una truffa, allora semplicemente non arriverai mai da nessuna parte (e finirai per attirare solo "truffe"), perché questo è ciò che credi davvero.

Che tu lo voglia o no, la tua mentalità attirerà solo persone e situazioni che sono in linea con il tuo pensiero.

Ma ecco la buona notizia.

Esiste una soluzione: si chiama Riprogrammazione Mentale.

Ciò significa che, apportando un cambiamento mentale ed eliminando i tuoi pensieri negativi, potrai migliorare la qualità della tua vita in modo tangibile e immediato; che si tratti di relazioni sociali, di vita sentimentale, di soldi, di carriera, di sport, di hobby, eccetera...

Grazie alle informazioni contenute in questo libro, sarai in grado di attrarre più benefici nella tua vita e capirai come stare lontano da tutte quelle situazioni e persone _depotenzianti_ che non ti fanno bene.

Hai letto bene. **<u>Ho detto attirare, non ottenere.</u>**

Perché una volta perfezionata la tua mentalità con i giusti programmi contenuti in questo libro, vedrai che la magia avrà inizio.

I tuoi pensieri diventeranno un potente magnete e inizierai ad attrarre automaticamente e naturalmente ciò che sogni e ad avere la vita che desideri.

Ecco un assaggio di ciò che scoprirai leggendo questo libro:

• Come funziona la mente e come riprogrammarla per acquisire una mentalità vincente e avere successo nel lavoro e nella vita;

• Come cambiare la tua immagine mentale per diventare la versione migliore di te stesso in modo semplice e senza particolari sforzi;

• Come abbattere tutti i blocchi mentali e le convinzioni negative che ti frenano nella vita;

• Come migliorare il tuo stato mentale, passo dopo passo, con l'aiuto di esercizi pratici;

• Come eliminare tutti i limiti mentali (compresi quelli "nascosti") e come aggirarli per raggiungere i tuoi obiettivi con il pilota automatico;

• Come rinvigorire e rendere più proficue le tue relazioni sociali (attirando la positività, **<u>che non significa "pensare positivo"</u>**) e allontanando definitivamente le persone e le situazioni negative dalla tua vita.

Non serve a nulla leggere libri motivazionali, sforzarsi di essere sempre positivi o immaginarsi felici.

Non si può cambiare nulla se non si agisce direttamente sulle proprie convinzioni, se non si agisce con le giuste tecniche sul proprio subconscio.

Se vuoi diventare finanziariamente indipendente e libero, avere successo nel mondo dello sport, essere una figura riconosciuta nel tuo campo o semplicemente sentirti più sicuro e felice, questo libro è stato scritto per te!

E la verità è che prima inizi a riprogrammare la tua mente per il successo, prima raggiungerai anche i tuoi obiettivi più ambiziosi.

Quindi non aspettare oltre.

Già dai primi giorni, inizierai a percepire il mondo e la tua quotidianità con occhi diversi e nuovi.

Inquadra il seguente codice QR per saperne di più.